KT
Kaiser Taschenbücher
134

Ulrich Bach

»Gesunde« und »Behinderte«

Gegen das Apartheidsdenken in Kirche und Gesellschaft

Mit einer Einführung von Theodor Strohm

Chr. Kaiser

Die Deutsche Bibliothek — CIP-Einheitsaufnahme

Bach, Ulrich:
»Gesunde« und »Behinderte« : gegen das Apartheitsdenken in
Kirche und Gesellschaft / Ulrich Bach. Mit einer Einf. von
Theodor Strohm. — Gütersloh : Kaiser, 1994
  (Kaiser-Taschenbücher ; 134)
  ISBN 3-579-05134-2
NE: GT

ISBN 3-579-05134-2
© Chr. Kaiser/Gütersloher Verlagshaus, Gütersloh 1994
Das Werk einschließlich aller seiner Teile ist urheberrechtlich geschützt. Jede
Verwertung außerhalb der engen Grenzen des Urheberrechtsgesetzes ist ohne
Zustimmung des Verlages unzulässig und strafbar. Das gilt insbesondere für
Vervielfältigungen, Übersetzungen, Mikroverfilmungen und die Einspeicherung
und Verarbeitung in elektronischen Systemen.

Umschlaggestaltung: Ingeborg Geith, München, unter Verwendung eines
Motivs von Louis Soutter (1871—1942);
© Musée Cantonal Des Beaux Arts, Lausanne
Satz: ICS Communikations-Service GmbH, Bergisch Gladbach
Druck und Bindung: Clausen & Bosse, Leck
Gedruckt auf chlorfrei gebleichtem Werkdruckpapier
Printed in Germany

Inhalt

Einführung
Theodor Strohm   6

Vorwort
... durch Theologie barbarischer geworden?.   9

»Wir sind in die Irre gegangen«
Überlegungen zur Diakonie in den Jahren vor 1933 und
nach 1945 14
abgeschlossen: Oktober 1993

Bausteine für ein theologisches Nachdenken über
Menschenbild und Menschenwürde 56
*Erstmals veröffentlicht im Börsenblatt für den Deutschen
Buchhandel vom 10. 3. 1992, S. 70—80*

Können und dürfen wir uns beteiligen an der Diskussion
über sogenanntes »lebensunwertes Leben«? 77
abgeschlossen: November 1992

(Biblische) Theologie:
Förderung oder Korrektur der heutigen
Gesundheits-Vergottung?
Ein Vortrag 100
*Tagung der Evangelischen Akademie Berlin (West) »Vor
allen Dingen gesund!? Heilserwartungen heute — Ansprüche
an Medizin und Psychotherapie«, 20.—22. 11. 1992*

Literatur 122

Einführung

Ulrich Bach gehört gegenwärtig zu den Autoren, die — weit über die Grenzen der Theologie hinaus — Menschen zum Nachdenken und zu leidenschaftlichen Debatten herausfordern. Er hat in den vergangenen Jahren mit wachsender Intensität, ja Schärfe, Fragen aufgeworfen, welche die gesamte Theologie und zugleich auch die kirchliche bzw. diakonische Praxis betreffen. Die Dringlichkeit erklärt sich auch daraus, daß unsere Gesellschaft in Deutschland — und nicht nur hier — ungelöste Fragen vor sich herschiebt, deren Nichtbeantwortung und Nichtbearbeitung Folgen von unabsehbarem Ausmaße mit sich bringen wird.
Ulrich Bach wurde im Laufe des Jahres 1980 zu seiner Person interviewt: »Sie sind Autor, Pastor in den Orthopädischen Anstalten Volmarstein *(heute: Evangelische Stiftung Volmarstein),* Dozent für Neues Testament und Dogmatik und seit Ihrer Erkrankung an Kinderlähmung behindert. Als was sehen Sie sich in erster Linie?« Ulrich Bach antwortete damals, er versuche die verschiedenen Rollen als Familienvater, als Musiker, Seelsorger und theologischer Lehrer miteinander zu verbinden. Er versuche »bewußt zu leben als ein Mensch, der wohl behindert ist, der gleichzeitig die Brücke mitbauen will zu den Nichtbehinderten«. Er versuche sich hineinzudenken, warum viele Nichtbehinderte so viele Schwierigkeiten mit Behinderten haben.
Schon damals war ihm zum Bewußtsein gekommen, daß es sicher auch zum Teil an unserer Theologie liegt, daß so viele Menschen, auch Christen, so große Schwierigkeiten mit Behinderten haben. »Wenn wir den Gott verkündigen, der für Stabilität sorgt, der oben ist in jeder Beziehung, dann wissen wir nicht recht weiter, wenn wir es mit Menschen zu tun haben, die in irgendeiner Weise sehr weit unten sind, arm, schwach, verzweifelt oder die in ihren körperlichen oder geistigen Fähigkeiten sehr weit unten sind.« Ulrich Bach ist seit dieser Zeit immer tiefer in die Argumentationsgänge der Theologie oder kirchlicher Verlautbarungen eingedrungen, um zur Klarheit darüber zu kommen, wie es denn mit den »Gesunden« und »Kranken«, den »Behinderten« und »Nichtbehinderten« vor Gott steht, wie die Sendung Jesu in die Welt in dieser Frage zu begreifen ist. Wenn in

diesen Fragen der Theologie Fehler unterlaufen, dann wirkt sich dies rasch auf den Zeitgeist aus, auf das allgemein ethische Bewußtsein mit unabsehbaren Folgen. Der Zeitgeist ist in unserer von Wissenschaft, Technik und Ökonomie geprägten Welt stark infiziert vom Sozialdarwinismus und einer Evolutionsethik. Dem Durchsetzungsvermögen wird in dieser Sicht von vornherein eine höhere Wertigkeit zugesprochen und der gesamte Entwicklungsprozeß wird als nach Gesetzen der Selbstregulierung mit der Selektion des Nichtüberlebensfähigen gedacht. Mehr und mehr beschäftigt sich Bach deshalb auch mit Gedanken, Gesetzestexten, richterlichen Urteilen und wissenschaftlichen Fragestellungen außerhalb der Theologie, in denen sich der Zeitgeist unmittelbar spiegelt.

Aber Bach ist darin Recht zu geben, daß zuerst die Theologie darüber Rechenschaft ablegen muß, ob sie beispielsweise für die Beantwortung der Frage, wie eine schwere Mehrfachbehinderung spirituell vom Glauben her anzugehen ist, eine klare Hilfe oder vielleicht ein Erschwernis, ein Hindernis auf dem Wege darstellt. Eine Theologie hält er für schwerkrank, die hier nicht zu eindeutigen und hilfreichen Aussagen gelangt. Ein wichtiger Indikator ist der christliche Schöpfungsglaube und der sich anschließende Gedanke der Gottesebenbildlichkeit des Menschen. Ein Schöpfungsglaube, der den Gedanken nicht zuläßt, Menschen mit Behinderungen seien ganz normale Geschöpfe und deshalb auch keine besonders herausragenden Mängelwesen, geht in die Irre. Hier dürfen sich nicht die leisesten Mißverständnisse einschleichen, als gäbe es ein Mehr oder Weniger an Gottesebenbildlichkeit.

Getrenntes zu versöhnen und eine neue Gemeinschaft der ehemals Getrennten zu begründen, war Anlaß des universalen Versöhnungsdienstes Gottes in Christus, um von Menschen errichtete Mauern zu schleifen: Hier ist nicht Jude noch Grieche, nicht Herr noch Knecht, nicht Mann oder Frau, nicht Behinderter oder Nichtbehinderter. Die Dynamik, die durch das Versöhnungsgeschehen in die Welt gekommen ist, aufzudecken, zu begreifen und auszuführen, wäre dann die Aufgabe der Theologie. Im Lichte dieser Dynamik gilt es dann auch, die biblische Überlieferung zu verstehen und die Aufgaben, die uns heute in der Gegenwart in Diakonie und Gesellschaft gestellt sind.

Die Aufgaben sind gewaltig: Langfristig stehen wir vor der Notwendigkeit, alles Trennende im Alltagsleben, das Menschen daran hindert, mit anderen zusammenzuleben, zu überwinden. Bach hat die Gemeinde der Zukunft beschrieben, in der es nicht nur darauf ankommt, welchen »Auftrag dieser Kranke, dieser Behinderte, dieser Schwache wohl an uns zu richten hat«. Dazu müssen sie aber im Alltag der Gemeinde, einer verantwortlichen Gesellschaft präsent sein, in der Nachbarschaft, im Kindergarten, in der Schule und im Berufsleben. Abzuklären ist, welche Motive und Formen der Hilfeleistung heute erforderlich sind, um der Würde, Freiheit und Selbstbestimmung des Hilfebedürftigen zu ihrem Recht zu verhelfen. Mit anderen Worten, die wahren Konsequenzen aus der sozialdarwinistischen Perversion des nationalsozialistischen Regimes gilt es erst noch zu ziehen. Die Solidarität zwischen Behinderten und Nichtbehinderten im Alltag des Lebens und im Alltag der Gemeinde kann nur praktiziert werden, wenn die Weichen anders gestellt werden und Eltern wie Kinder sich gleichermaßen integriert und unterstützt wissen können.

Seit einer Reihe von Jahren ist festzustellen, daß sowohl im Zusammenhang von Bemühungen der UNO (Weltaktionsprogramm 1982) als auch der Europäischen Gemeinschaften (HELIOS seit 1988) als auch des Europarates (z. B. bei der Pariser Ministerkonferenz 1991) das Thema des ›Selbstbestimmten Lebens‹ in den Mittelpunkt des internationalen Interesses gerückt wurde. Dies gilt übrigens in gleicher Weise für Aktivitäten des Ökumenischen Rates der Kirchen (seit der Weltkonferenz in Nairobi 1975). Anstöße in diese Richtung haben insbesondere Menschen mit Behinderung selbst gegeben, indem sie auf die sie betreffenden Fragen im gesellschaftlichen Zusammenleben aufmerksam gemacht haben. Es ist daher bedeutungsvoll, daß wir in Ulrich Bach eine Stimme haben, die im theologischen Denken wie im kirchlich-diakonischen Zusammenhang darauf aufmerksam macht, daß es entscheidend auf die Wechselbeziehung zwischen einem neuen Denken, neuen Perspektiven und den entsprechenden neuen gemeinsamen Lebensformen ankommt. Es ist an der Zeit, diese Diskussion in unserem Lande auf eine breite öffentliche Basis zu stellen.

Im Februar 1994   Professor Dr. Dr. Theodor Strohm
*Diakoniewissenschaftliches Institut
an der Theologischen Fakultät
der Universität Heidelberg*

Vorwort

... durch Theologie barbarischer geworden?

Seit Wochen schwirrt mir ein Hölderlin-Zitat im Kopf herum: Die Deutschen seien, sagt Hölderlin, »selbst durch Religion barbarischer geworden«. Läßt sich vielleicht *damit* erklären, warum Theologie und Kirche oft die Zähne nicht auseinanderbekommen, wo es dringend nötig wäre?
Seit 1976 besagt der § 218 StGB, daß bei vorliegender ethischer oder sozialer Indikation ein Schwangerschaftsabbruch bis zur 12. Woche straffrei bleibt. Falls das zu erwartende Kind allerdings behindert sein wird, bleibt ein Abbruch (da sprechen wir von »eugenischer« Indikation) bis zur 22. Woche straffrei. In unserem Recht ist also behindertes Leben vor der Geburt weit weniger geschützt als nichtbehindertes. Mir ist nicht bekannt, daß Theologie und Kirche zum Sturm geblasen hätten. Worauf warten sie? Kann man *noch* deutlicher zeigen, daß uns eine klare Trennlinie enorm wichtig ist: die Grenze zwischen den Wertvollen und denen, auf die es nicht so ankommt? – Inzwischen zeigte die vom Bundesverfassungsgericht formulierte Übergangsregelung von Mai 1993 (rechtskräftig ab September 1993), daß man es in der Tat *noch* deutlicher sagen kann: Während ein Abbruch im allgemeinen rechtswidrig genannt wird, gilt ein Abbruch nach embryopathischer Indikation als *nicht* rechtswidrig! – Das heißt doch: Die bisherige quantitative Unterscheidung (straffrei bis zur 12. / straffrei bis zur 22. Woche) ist überholt worden von einer qualitativen Unterscheidung (rechtswidrig / nicht rechtswidrig). Wenn ich schon den bisherigen Text empörend fand, in der jetzigen Regelung sehe ich einen Skandal.
Im Oktober 1992 berichtete die ZEIT von einem 46jährigen Mann, der auf seinem Behinderten-Dreirad gern durch die Stadt fuhr. Dann wurde er von einer Gruppe rechtsgerichteter junger Männer angepöbelt: »Unter Hitler wärst du schon lange vergast worden«, und: »Du lebst von unseren Steuergeldern«. Dann spucken sie ihn an und spucken immer weiter. Nach wenigen Tagen traut er sich

nicht mehr auf die Straße. Zwei Wochen später nahm er sich das Leben. — Und die Kirche? Gäbe es nicht ZEIT und »Monitor«, wir wären es kaum gewahr geworden.
Ein Flensburger Richter gab (1992) einer Familie recht, die den Reiseveranstalter auf Schadensersatz verklagt hatte, weil man sich dadurch gestört fühlte, daß man im Urlaub die Mahlzeiten im gleichen Speiseraum einnehmen mußte, in dem auch behinderte Menschen aßen. Dieser »Anblick«, so die Urteilsbegründung, »erinnerte ständig in einem ungewöhnlich eindringlichen Maße an die Möglichkeiten menschlichen Leidens«. Und solche Erinnerung mögen wir nun einmal nicht. Als Sklaven des Machbarkeitswahns träumen wir uns lieber eine leidfreie Welt zurecht, ein »Europa der Gesundheit«, oder wie unsere kindischen Utopien heißen mögen.
Muß jemand, der seine Bibel kennt, hier nicht laut protestieren? Oder kennen wir unsere Bibel nicht? Wurde sie uns durch die Theologie so sehr verkitscht und verharmlost, daß sie zu keinerlei Kampf mehr Rüstzeug liefert?
Die Bundesvereinigung Lebenshilfe für geistig Behinderte e.V. (Marburg) veröffentlichte 1990 »Ethische Grundaussagen«, in denen es heißt: »Es ist normal, verschieden zu sein. ... Behinderung ist ... eine besondere Form von Gesundheit« (Lebenshilfe Grundaussagen, S. 239). Warum fällt der Kirche so schwer, was ein weltanschaulich neutraler Verein kann? Warum können Kirche und Theologie nicht Entsprechendes sagen: Es ist normal, verschieden zu sein (also Mann oder Frau, leistungsstark oder leistungsschwach, jung oder alt, behindert oder nicht, Jude oder Arier, Deutscher oder Türke ...)? Die Behinderung eines Menschen wäre dann auch in unserer Sicht zwar eine »besondere Form«, in der der Betreffende sein Menschsein bzw. sein Christsein zu gestalten hat, sie sagt aber absolut nichts aus über Gottes Einstellung zu ihm (als habe der Schöpfer in seinem Falle weniger achtgegeben, als sei Gottes Heil diesem Menschen weniger zuteil geworden als anderen) oder über seine Einstellung zu Gott (als dokumentiere die Behinderung, daß dieser Mensch nicht richtig glaubt, zu wenig betet ...). Wenn wir theologisch blockiert sind, solche Sätze zu sagen, müßte im Blick auf das genannte Lebenshilfe-Zitat gefolgert werden: Unsere real existierende Theologie fördert nicht nur nicht die Integration Behinderter, sie sabotiert sie sogar. Womit wir wieder bei Hölderlin wären:

durch manche Theologie wird das soziale Klima noch frostiger, noch »barbarischer«. Denkmöglich wird: Ohne Theologie wären »die kleinen Leute« besser dran; Theologie wird zu einem Luxus, den sich fast nur diejenigen leisten können, die auch ohne die biblische Botschaft gut zurecht kämen. Denn was das alles noch mit dem Jesus aus Nazareth zu tun haben könnte, der dadurch ins Gerede kam, daß er mit den Verachteten Tischgemeinschaft hielt, das bliebe ein Rätsel.

Unsere Theologie stellt ein Arsenal von Thesen zur Verfügung, die es erschweren (oder gar unmöglich machen), auch als Christ jenen schönen Satz zu sprechen: *Es ist normal, verschieden zu sein.* Theologie weigert sich weithin, so locker von Behinderung zu reden. In der Behinderung, so sagt man, sind gegengöttliche Kräfte am Werke; Behinderung gehört also nicht in die gute Schöpfung Gottes; keineswegs ist Leben mit einer bleibenden Behinderung »normal«; Jesus hatte den Auftrag, Behinderung zu bekämpfen *wie* Sünde, Tod und Teufel (oder gar: er sollte die Behinderung bekämpfen, *weil er ja insgesamt* gegen Sünde, Tod und Teufel zu kämpfen hatte) — kurzum: Behinderung ist etwas so Schlimmes, daß Gott es niemals wollen könnte. — Das Schweigen *dieser* Theologie und einer theologisch *so* geprägten Kirche muß uns tatsächlich nicht wundern. Denn eine Kirche, die von ihrer Theologie her davon überzeugt ist: »Gott will nicht, daß Menschen so leben«, hat keinerlei Möglichkeit, verständlich und überzeugend zu protestieren, wenn es plötzlich heißt: »Und wir wollen nicht, daß so(lche) Menschen leben.« Theologie unterstützt, wieder einmal, unsere unterschwellige Euthanasie-Mentalität.

Aber tue ich unserer Theologie jetzt nicht unrecht? Denn unbestritten gehört es seit Jahrzehnten zu ihren Kennzeichen, daß sie angeht gegen Ungerechtigkeit, Hunger und Krieg. Ohne das in irgendeiner Weise schmälern zu wollen, frage ich dennoch: War der forsche Aufbruch der Kirche nach 1945, sich mutig an politischen und sozialen (und globalen, und ökologischen …) Fragen zu beteiligen, *nur* ein positiver Schritt? War er nicht gleichzeitig *auch* ein Irrweg? Milder gefragt: Haben wir diesen Aufbruch nicht zu einseitig vollzogen? Die Rechtfertigungslehre wurde für heutzutage unverständlich erklärt, wir hatten vorgeblich Wichtigeres zu berücksichtigen. Nichts, wirklich gar nichts gegen unsere Beteiligung an den

»weltlichen« Fragen! Aber einiges gegen die Unbekümmertheit, in der wir solche Fragen angingen, *ohne* nach unserer Gottesbeziehung zu fragen! Vereinfacht: Haben wir (im Bilde des Kreuzes) nicht die Waagerechte allein gesehen, aber die Senkrechte vernachlässigt? Theologischer: Haben wir nicht fast ausschließlich eine »Exemplum«-Theologie betrieben (mit dem Hauptthema: unsere Nachfolge), wobei das »Sacramentum« (Hauptthema: Gottes Tun an uns) in Vergessenheit geriet (ich beziehe mich auf den wichtigen Aufsatz von Eberhard Jüngel in der Werner-Krusche-Festschrift: Jüngel SE 1982)? Müssen wir heute nicht wieder neu lernen: *Die* zentrale Ausgangs-Frage (gerade für alles kirchliche Sozial-Engagement) ist die Frage nach dem, was Gott an uns tut: Er hat uns alle »so« geschaffen (den Kerngesunden und den völlig Hinfälligen); er erträgt uns, obwohl wir alle Sünder sind (der einzige Unterschied: die einen haben gelernt zu beten: »Gott, sei mir Sünder gnädig«, die anderen nicht); uns allen gilt der Christus-Bund (auf wie schwankenden Füßen steht eigentlich das, was wir »Solidarität« nennen, wenn wir es *nicht* auf die Rechtfertigungsbotschaft stellen?); wir alle sind hilfsbedürftig; jeder kann helfen – kurz: theologisch sind wir alle »normal«, richtig so wie wir sind (von Gottes Gnade her hoffend; »in spe«, um es mit Luther zu sagen) und gleichzeitig: völlig verkehrt so wie wir sind (von unserer Vorfindlichkeit her geurteilt; Luther sagte: »in re«). Damit ist Solidarität bereits im »Sein« behauptet, woraus sich *dann* solidarische Aktionen wie selbstverständlich ergeben können. – Wo wir diese Grundlage vergessen, rutschen unsere sozialen Impulse unmerklich ab ins Unsoziale; wir helfen dann zwar, aber wir helfen jetzt als »Helfer«. Wir zurren uns fest auf diese Rolle und hätten Angst zu sagen: Heute können wir helfen und morgen brauchen wir Hilfe, was soll's? Nein, *wir* sind die Normalen, wir Aktiven, wir Helfer. Sich helfen lassen müssen: das wäre unnormal, gegen die Spielregeln, auch gegen die Spielregeln Gottes. So bekommt unsere bienenfleißige Theologie plötzlich einen Dreh hin zur Euthanasie-Mentalität (s. o.), sie wird barbarisch, weil auch sie nicht erinnert sein möchte an die *Normalität* der »Möglichkeiten menschlichen Leidens«.

Im Grunde ist das, wofür ich plädiere, ein ziemlich alter Hut. Wir haben es an anderer Stelle, wenigstens einigermaßen, gelernt. Wir müßten das Gelernte nur übertragen auf die Thematik »Stärke und

Schwäche«. Konkreter: Unsere Theologie hat vor 1933 den Antisemitismus gefördert und konnte ihn darum nach 1933 nicht ernsthaft und geschlossen angreifen. An dieser Stelle hat Theologie nach 1945 wichtige Schritte getan. Aber auch in der Parallele? Theologischer Abschied von allem, was zum Holocaust führte — einigermaßen. Theologischer Abschied von allem, was zur Euthanasie führte — noch kaum: Unsere Theologie hat vor 1933 den Gesundheitskult (die Idealisierung des starken, autarken, gesellschaftlich funktionierenden Individuums) gefördert und konnte darum nach 1933 weder Zwangssterilisierung noch Euthanasie ernsthaft und geschlossen angreifen. Und heute? Daß Gott die Juden verworfen habe, wird 1994 kein evangelischer Theologe mehr zu Papier bringen (theologische Sätze kommen heute an Auschwitz nicht mehr vorbei — richtig so). Daß aber Jesus gegen Behinderungen gekämpft habe, daß Gott Behinderung nicht will, daß die Heilung eines behinderten Menschen für den Geheilten die »Weltenwende« bedeutet, das alles überschwemmt nach wie vor die theologische Landschaft (unsere theologischen Sätze kommen an Hadamar immer noch mühelos vorbei — ein Skandal). Damit aber werden die auch so schon bestehenden Vorurteile behinderten Menschen gegenüber mit theologischen Thesen unterpuffert, Vorbehalte gegen Behinderte werden »barbarischer«, als sie es ohnehin schon sind. — Hölderlins Satz sollte uns nachhaltig beschäftigen. Und das heißt: Wir haben uns mit *uns* zu befassen. Denn das Wort »barbarisch« fragt nicht sofort nach den Opfern der Barbarei, es blickt zunächst auf die Barbaren selbst: Was ist los mit uns? Wovor haben wir Angst? Was blocken wir ab, weil wir nicht wagen, es an uns heranzulassen? Was also knechtet uns? Und: Wo gäbe es *für uns* Befreiung, Befreiung aus der uns und andere Menschen gefährdenden Barbarei?

»Wir sind in die Irre gegangen«

Überlegungen zur Diakonie in den Jahren vor 1933 und nach 1945

A. Die Fragestellung

Otto Dibelius sagte nach 1945: Wir machen in der Kirche da weiter, wo wir 1933 aufgehört haben (vgl. M. Benad, in: Der Ring, 1993, Heft 3, S. 8). Heute wissen wir, daß die Dinge so einfach nicht sind: Falsche, fatale Aussagen etwa zur Judenfrage gab es nicht erst seit 1933, sondern schon lange vorher, auch in der Kirche. Und sie gab es noch nach 1945 — gewiß mit aus dem Grunde, *weil* man meinte, man könne da weitermachen, wo man 1933 aufgehört hatte: Das *konnte* nur heißen, man machte auch mit alten Fehlern weiter. Vielleicht nicht ganz so kraß, in der Struktur aber ähnlich verhält es sich auch bei anderen Themen, zum Beispiel bei den Aussagen zu Staat, Recht und Freiheit.

Wie aber stellen sich die Dinge auf der Ebene dar, auf der vom Menschen die Rede ist, von seiner Gesundheit und seiner Anfälligkeit, von seiner Hilfsbereitschaft und seiner Hilfsbedürftigkeit; auf der Ebene also, auf der es ab 1939 zur sogenannten Euthanasie kam, zur massenhaften Tötung schwerbehinderter Menschen? Können wir heute wenigstens bei *dieser* Thematik mit der Stuttgarter Erklärung von 1945 sagen: »Wohl haben wir lange Jahre hindurch im Namen Jesu Christi gegen den Geist gekämpft, der im nationalsozialistischen Gewaltregiment seinen furchtbaren Ausdruck gefunden hat; aber wir klagen uns an, daß wir nicht mutiger bekannt, nicht treuer gebetet, nicht fröhlicher geglaubt und nicht brennender geliebt haben«? *Hatten* denn vor 1933 Theologie und Kirche »lange Jahre hindurch« laut und unmißverständlich so vom Menschen geredet, daß allen Thesen über Sterilisierung und Tötung unheilbar kranker Mitmenschen ausdrücklich oder wenigstens zwischen den Zeilen klar widersprochen war? — Schärfer gefragt:
1947 kam es zum sog. »Darmstädter Wort«, weil dessen Verfasser

die Schwäche der Stuttgarter Erklärung darin sahen, daß sie nur komparativisch spricht: Wir hätten, was wir taten, fleißiger, intensiver, mutiger tun sollen; aber damit war gesagt: der Weg war richtig, unsere Richtung stimmte. Und *dem* widersprach man in Darmstadt: nein, die Richtung schon war falsch: »Wir sind in die Irre gegangen, als wir ...«, so beginnen vier Absätze dieses Dokuments (z. B.: »Wir sind in die Irre gegangen, als wir meinten, eine Front der Guten gegen die Bösen, des Lichtes gegen die Finsternis, der Gerechten gegen die Ungerechten ... bilden zu müssen. ...«). Sind Theologie und Kirche auch in ihrem Reden über den Menschen »in die Irre gegangen«? Das würde bedeuten:

- Der Nazi-Ideologie, die unter anderem zur »Euthanasie« führte, stand vielleicht gar nicht eindeutig eine von der Kirche vertretene Theologie *gegenüber*, die der »Euthanasie« bereits im Ansatz schroff widersprach.
- Theologie war vielleicht gar keine Größe, auf die sich alle Schwachen und deren Angehörige vorbehaltlos verlassen konnten.
- Theologie hätte dann vielleicht sogar die Euthanasie-Verbrechen zwar nicht *gemacht* (das zu erwägen, wäre völlig absurd), aber unterstützt, mag sein gefördert – also nicht gemacht, aber dennoch *möglich gemacht*? Und zwar dadurch, daß sie eine Spielart der Apartheids-Theologie vertrat: Zwar nicht die weißen, aber die gesunden Menschen gelten als die »eigentlich« von Gott gemeinten Menschen; zwar nicht der Schwarze, aber der schwer Behinderte wird als weniger wertvoll angesehen. *Wurde* in Theologie und Kirche so gewertet und bewertet, unterschieden und geschieden: zwischen Brauchbaren und Lästigen, zwischen Tüchtigen und Minderwertigen? Anders betont: Wurde so auch *in Theologie und Kirche* gedacht, geredet und geschrieben; oder gab es solche Auswüchse nur auf der Seite des sogenannten Zeitgeistes? Oder mit der »Stuttgarter Erklärung« gefragt: Haben Theologie und Kirche tatsächlich lange Jahre »gegen den Geist gekämpft«, der dann im Dritten Reich »seinen furchtbaren Ausdruck gefunden hat«, oder hatte dieser Geist teilweise auch von ihnen Besitz ergriffen – sind sie also auch selber »in die Irre gegangen« (Darmstädter Wort)?
- Falls das soeben mehrfach genannte »vielleicht« nicht klar wider-

legt werden kann, muß (im Blick auf die Zeit nach 1945) gefragt werden: Wo ist jene Theologie geblieben? *Wenn* es die Apartheidstheologie vor 1933 gab, gibt es sie vielleicht auch heute? Oder hat Kirche, hat Theologie an dieser Stelle gründlich Buße getan? (Gegenfrage: Oder hat sie solche Buße nicht nötig, weil es weder damals noch heute diese schlimme Theologie gab?)

B. Euthanasie-Mentalität in den zwanziger Jahren

1. *Das Klima*

Seit Ende des vorigen Jahrhunderts mehren sich öffentliche Äußerungen, die den gesunden Menschen, besonders die stabile, gesundheitlich intakte Gesellschaft als Zielvorstellung zum Inhalt haben. 1895 veröffentlicht Alfred Ploetz seine »Grundlinien einer Rassenhygiene«. Bereits in diesem Werk finden wir eine überzogene Rollenzuweisung der Wissenschaft, gekoppelt mit deutlichen Überlegungen zur Euthanasie: Die Zeugung eines Kindes soll nicht dem Zufall überlassen sein, »sondern geregelt werden nach den Grundsätzen, die die Wissenschaft für Zeit und sonstige Bedingungen aufgestellt hat«; aber trotz aller Fürsorge in dieser Hinsicht wird hin und wieder »ein schwächliches und mißratenes Kind« geboren werden; ihm wird dann »vom Ärztekollegium ... ein sanfter Tod bereitet, sagen wir durch eine kleine Dosis Morphium« (Zitate nach: Fischer Vernichtung, 38; A. Ploetz faßt bereits eine »scharfe Ausjätung« ins Auge; vgl. Kiefner Ulbrich, S. 248). — Ebenfalls 1895 erscheint von Adolf Jost das Buch »Das Recht auf den Tod«, aus dem das folgende Zitat stammt: »Das Recht auf den Tod müsse bei unheilbaren Krankheiten ausdrücklich anerkannt werden. ... Der Wert des Lebens kann aber nicht nur Null, sondern auch negativ werden« (nach: Kiefner Bedrohung, S. 16). Der Sozialreformer Auguste Forel schrieb wenige Jahre später (1900): »Wir bezwecken keineswegs, eine neue menschliche Rasse, einen Übermenschen zu schaffen, sondern nur die defekten Untermenschen allmählich ... durch willkürliche Sterilität der Träger schlechter Keime zu beseitigen und dafür bessere, sozialere, gesündere und glücklichere Menschen zu einer immer größeren Vermehrung zu veranlassen« (zit.:

Kiefner, Bedrohung, S. 16). In *diesem* Zitat ist nicht von Euthanasie die Rede (vgl. aber Kiefner Ulbrich, S. 249: »Forel wollte mißgebildete und lebensunfähige Neugeborene gleich nach der Geburt getötet wissen«), sondern ›nur‹ von Sterilisierung; ein klares Apartheidsdenken zeigt sich trotzdem: »defekte Untermenschen«.
Schon diese wenigen Zitate belegen, daß bereits im Jahre 1900 ein angstmachendes Begriffs-Potential bereitlag: Rassenhygiene, Sterilisierung, Euthanasie, mißratene Kinder, Untermenschen, Wertzumessungen, Ausjätung; zudem verwundert es nicht, daß, wenn bei Forel ›besser, sozialer, gesünder und glücklich‹ zusammengestellt sind, später neben »krank« rasch die Begriffe ›schlecht oder schädlich, asozial und bedauernswert‹ auftauchen.
Eine breite Diskussion wurde ausgelöst, als Karl Binding (Jurist) und Alfred Hoche (Mediziner) 1920 (2. Aufl. 1922) ihr Buch erscheinen ließen: »Die Freigabe der Vernichtung lebensunwerten Lebens. Ihr Maß und ihre Form.« Kurt Nowak nennt diese Veröffentlichung eine »in der Vorgeschichte der Krankenvernichtung als negativer ›Klassiker‹ geltende Publikation« (Nowak Stimmen, S. 32). — Im Blick auf die »unheilbar Blödsinnigen« findet Binding »schlechterdings keinen Grund, die Tötung dieser Menschen, die das furchtbare Gegenbild echter Menschen bilden ... nicht freizugeben« (nach: Bethel Lese-Texte, S. 25 f.) Mit diesem Satz dürfte eine Grundentscheidung getroffen sein, die weitere Entscheidungen fast automatisch nach sich ziehen mußte: Wir, die wir meinen, normal zu sein, nennen uns ›echte Menschen‹, womit wir aber jene anderen, die in besonderer Weise auf unsere Hilfe angewiesen wären, von uns absondern unter dem Titel ›furchtbare Gegenbilder echter Menschen‹. Wer bereits die Menschheit in dieser sortierenden Perspektive in den Blick nimmt, wird *logischerweise* keine Gründe finden, diese ›furchtbaren Gegenbilder‹ *nicht* zu töten. Und zwar muß er das, einmal in Fahrt gekommen, gar nicht mit schlechtem Gewissen tun, sondern er kann in diesem Zusammenhang optimistisch von einer besseren Sittlichkeit reden: »Eine neue Zeit wird kommen, die von dem Standpunkte einer höheren Sittlichkeit aus aufhören wird, die Forderungen eines überspannten Humanitätsbegriffes und einer Überschätzung des Wertes der Existenz schlechthin mit schweren Opfern dauernd in die Tat umzusetzen« (Hoche, zit.: Bethel Lese-Texte, S. 56). Jene Grundentscheidung bringt Klaus Dörner in

seiner Analyse über die »Medizinisierung der Sozialen Frage« auf die prägnante Kurzformel: »Es gibt Menschen, die sind Menschen, und es gibt Menschen, die sind Dinge« (Dörner Mitleid, S. 38). Bei Hoche finden sich nicht nur einige Begriffe, die später häufig benutzt wurden: »leere Menschenhülsen«, »geistig Tote«, »Ballast-Existenzen«, sondern auch eine Formulierung, die mir unüberbietbar scharf die Gegenposition zu Paulus darzustellen scheint: Hoche spricht vom »Fremdkörpercharakter der geistig Toten im Gefüge der menschlichen Gesellschaft« (Bethel Lese-Texte, S. 51). — Paulus sagte: Wenn ein Glied leidet, dann leiden alle anderen Glieder mit (1 Kor 12,26). Der schwer behinderte Mensch gleicht aber nicht (wie bei Paulus) einem verletzten Zeh, der für einige Zeit den ganzen Menschen humpeln läßt (»auf so etwas muß man Rücksicht nehmen«); sondern er gleicht (bei Hoche) einem Dorn, den ich mir in den Fuß trat, und den ich mir nötigenfalls vom Arzt entfernen lasse (»so etwas muß so rasch wie möglich weg«). Was heißt jetzt eigentlich »asozial«; *wer* ist hier ›nicht gemeinschaftsfähig‹?

Daß die Geschichte der Zwangssterilisierung und der »Euthanasie« nicht erst 1933 begonnen hat, wissen wir. *Wie* groß aber die Gedankenverwandtschaft ist zwischen den oben zitierten Sätzen und etwa dem, was Adolf Hitler in »Mein Kampf« geschrieben hat, erstaunt mich immer wieder. Man kann Klaus Dörner nur zustimmen, wenn er (in Anspielung auf einen Forel-Satz) fragte: »Und war es nicht immer schon unser aller Ziel und ist es nicht heute auch noch unser aller Ziel, zu einer Gesellschaft mit immer ›besseren, sozialeren, gesünderen und glücklicheren Menschen‹ zu kommen? Was war dann noch Besonderes am NS-Programm — außer der besonderen Konsequenz von uns Täter-Bürgern?« (Dörner Mitleid, S. 33). — So setze ich einfach ein paar Hitler-Sätze hierher. Die Vergleichbarkeit zu manchen der bisher genannten Aussagen dürfte nicht zu bestreiten sein. Zudem fürchte ich, das gleiche muß gesagt werden auch im Blick auf einige Thesen, die im weiteren Verlauf meines Textes aus Theologie und Diakonie herangezogen werden sollen.

Hier zunächst einige Sätze aus »Mein Kampf«: »Das Recht der persönlichen Freiheit tritt zurück gegenüber der Pflicht der Erhaltung der Rasse« (Hitler MK, S. 279). »Die Forderung, daß defekten Menschen die Zeugung anderer ebenso defekter Nachkommen unmöglich gemacht wird, ist eine Forderung klarster Vernunft und bedeutet in ihrer planmäßigen Durchführung die humanste Tat der Menschheit« (S. 279). Hitler kritisiert »unsere Kirchen« und ihr heutiges Wirken, »das immer vom Geiste redet und den Träger desselben, den Menschen, zum verkommenen Proleten degenerieren läßt« (S. 445 f.). Der »völkische Staat ... muß dafür Sorge tragen, daß nur, wer gesund ist, Kinder zeugt; daß es nur eine Schande gibt: bei eigener Krankheit und eigenen Mängeln dennoch Kinder in die Welt zu setzen, doch eine höchste Ehre: darauf zu verzichten. Umgekehrt aber muß es als verwerflich gelten: gesunde Kinder der Nation vorzuenthalten. Der Staat ... hat, was irgendwie ersichtlich krank und erblich belastet und damit weiter belastend ist, zeugungsunfähig zu erklären und dies praktisch auch durchzusetzen« (S. 446 f.). »Eine nur (!) sechshundertjährige Verhinderung der Zeugungsfähigkeit und Zeugungsmöglichkeit seitens körperlich Degenerierter und geistig Erkrankter würde die Menschheit nicht nur von einem unermeßlichen Unglück befreien, sondern zu einer Gesundung beitragen, die heute kaum faßbar erscheint« (S. 448). Kein Gedanke daran, daß bei solcher rabiaten Gesundheits-Politik der ›soziale Gerechtigkeitssinn‹ auf der Strecke bleiben könnte; man weiß sich ihm verpflichtet: »Erst wenn ein Volkstum in allen seinen Gliedern, an Leib und Seele gesund ist«, können wir von »Nationalstolz« reden. »Diesen höchsten Stolz aber wird auch nur der empfinden, der eben die Größe seines Volkstums kennt. Die innere Vermählung von Nationalismus und sozialem Gerechtigkeitssinn ist schon in das junge Herz hineinzupflanzen. Dann wird dereinst ein Volk von Staatsbürgern erstehen, miteinander verbunden und zusammengeschmiedet durch eine gemeinsame Liebe und einen gemeinsamen Stolz, unerschütterlich und unbesiegbar für immer« (S. 474 f.).

Zwei Zwischenbemerkungen:

- Nur hinweisen möchte ich (ohne diese ebenfalls wichtigen Dinge vertiefen zu können) auf die Frage, wie nicht nur über schwer behinderte Menschen geredet wurde, sondern in welchen »Farben« die Pro- und Kontra-Positionen (für oder gegen die Anerkennung schwerstbehinderter Menschen als unsere völlig gleichberechtigten Mitmenschen) innerhalb der Gesellschaft dargestellt wurden. Da redet man (s. o.) im Blick auf den eigenen Standpunkt von der »neuen Zeit«, von Wissenschaft und »höherer Sittlichkeit«, im Blick auf die Gegenseite aber spricht man abfällig von einer »Überschätzung des Wertes der Existenz schlechthin« und von »überspanntem Humanitätsbegriff«, mit dem man bereit ist, ständig »schwere Opfer« zu bringen. Wertend sortiert werden also nicht nur die Tüchtigen und Minderwertigen, sondern man sortiert noch einmal bei denen, die sich zu den Tüchtigen zählen dürfen: diejenigen, die sich der »neuen Zeit« verpflichtet wissen, und die Rückständigen mit ihren ›überspannten‹ und ›überschätzenden‹ Vorstellungen. »Das für den Protestantismus kennzeichnende Streben nach Wissenschaftlichkeit und Modernität bot manchen Ansatzpunkt, um den ›wissenschaftlichen‹ Angeboten der Zeit zu erliegen« (Nowak Kirchen, S. 24). Heute wissen wir freilich, daß gelegentlich gar nicht zutraf, was sich damals »wissenschaftlich« nannte: So »hatte sich der empirisch-wissenschaftlich gar nicht beweisbare wahnhafte Glaube an die Erblichkeit aller möglicher Behinderungen weitgehend durchgesetzt. Die Medizin war in diesem Punkt nicht mehr wissenschaftlich, sondern sozial-missionarisch und machtpolitisch geworden«, sagt ein bekannter Mediziner (Dörner Unterschied, S. 329). Die fatale Folge in den dreißiger Jahren: »Von den damals fälschlich als erbkrank eingeschätzten 500 000 Menschen wurden etwa 350 000 zwangssterilisiert« (Dörner, a. a. O., S. 330). Martin Ulbrich (s. u.) sah die Dinge 1928 aus seinen Erfahrungen so: »Unsere Zeit ist von allerlei Bewegungen erfüllt, deren Notwendigkeit, durch blendende Beweisführung begründet, derart von den Massen anerkannt wird, daß auch Leute mit fortgerissen werden, von denen man eine besonnenere Entscheidung erwarten sollte« (zit.: Kiefner Ulbrich, S. 242). Das alles aber heißt: Es wurde immer schwerer, sich für die Sache der Schwerstbehinderten öffentlich einzusetzen: Man vertrat jetzt nicht einen von mehreren durchaus möglichen Standpunkten, sondern man machte sich in gewissem Sinne *un*möglich, man offenbarte sich als ›rückständig‹ und ›überspannt‹ – und wer tut das schon, wenn es nicht unbedingt sein muß?

- Damit bin ich schon beim zweiten Punkt. Wenn wir damalige

Texte zur Kenntnis nehmen, sollten wir uns nicht rasch »auf's hohe Roß setzen«; das tun wir aber, wenn wir nur unterscheiden zwischen »richtigen« und »falschen« Sätzen. Solange wir wenigstens versuchsweise gerecht urteilen wollen, müssen wir die Möglichkeiten mit in Betracht ziehen, die man damals hatte oder nicht hatte. Ohne jetzt, historisch exakt differenzierend, Dutzende von Möglichkeiten zu benennen, möchte ich nur drei Haupt-Bedingungen festhalten: Erstens: Man kann A oder auch B öffentlich vertreten, ohne zu riskieren, ausgelacht oder gar bestraft zu werden. Zweitens: Man kann A oder B vertreten, ohne bestraft zu werden; bei B allerdings riskiert man, ausgelacht zu werden; denn A wird mehrheitlich anerkannt. Drittens: A findet nicht nur weiteste Zustimmung, sondern ist von staatlicher Seite als einzig richtige Sicht festgelegt; wer jetzt noch B behauptet, riskiert Bestrafung. — Diese Unterscheidungen bedeuten für meinen augenblicklichen Denkzusammenhang zweierlei: Einmal liegt hier der Grund dafür, daß ich mich in diesem Text zunächst (fast völlig) auf Äußerungen beschränke, die *vor* Januar 1933 getan wurden; später beziehe ich mich ebenso fast ausschließlich auf Sätze, die nach April 1945 gesagt oder geschrieben wurden. Äußerungen aus den Jahren 1933 bis 1945 (Äußerungen also, die entweder konform sein mußten oder das Risiko schwerer Bestrafung eingingen; und mancher ging dieses Risiko ein) gerecht zu beurteilen, muß ich Historikern überlassen. Zum anderen: Da ich diese Dinge nicht aus rein historischem Interesse angehe, sondern mit der Hoffnung, mehr Klarheit über unsere heutige Situation zu gewinnen, möchte ich besonders deutlich auf die obigen Punkte »Erstens« und »Zweitens« achten: Wie war es damals, wie ist es heute? Wie entsteht ein Klima, in dem eine dem schwachen Menschen verpflichtete Aussage schnell als rückständig hingestellt werden kann? Kurt Nowak skizziert diese Entwicklung, indem er einen von mehreren ›Motivsträngen‹ mit dem Stichwort »gemeinschaftsorientiertes Verantwortungsdenken« benennt und dann fortfährt: »Solidarverhalten, Opferbereitschaft, Dienst am Nächsten, Bewahrung der Gemeinschaft vor Schaden ... Dieser Denkzusammenhang stellte in seiner Umsetzung auf eugenische Kategorien und auf praktische Maßnahmen negativer Eugenik, sofern diese nur irgend als notwendig betrachtet wurden, ein Ja zum Sterilisierungsgesetz aus sich heraus. Der Verzicht auf Nachkommenschaft, der den Opfern des Gesetzes zugemutet war, erschien als Dienst am Volk« (Nowak Kirchen, S. 25). *Sind wir heute dabei, ein ähnliches Klima zuzulassen?* Wenn heute auf der einen Seite wuchtige Begriffe wie Kostendruck und Bio-Ethik stehen, außerdem Institute, internationale Kooperation, beste Kontakte zu Wirtschaft und Politik, zu Presse und Fernsehen, — und auf der anderen Seite steht nicht viel mehr als der eine Satz: »Für uns ist jeder Mensch unüberbietbar wichtig, ausnahmslos jeder« — *gibt* es dann nicht vielleicht dieses Klima schon bei uns? — Und: Falls es so um uns steht: Welche Möglichkeiten des Widerstandes haben wir; welche Möglichkeiten, sich zu Gruppen zusammenzuschließen, damit nicht Hunderte von »Einzelkämpfern« (die man zuweilen anerkennend, aber schulterzuckend »Rufer in der Wüste« nennt) je für sich in die zermürbende Einsamkeit abgedrängt werden? — Doch zurück zu den zwanziger Jahren:

2. Und die Theologie?

Vielleicht wiederholen sich manche Dinge. Als im Jahre 1984 die »Praktische Ethik« von Peter Singer in deutscher Sprache erschien, hat es Jahre gedauert, bis die darin enthaltenen Thesen zur Euthanasie von unserer Theologie wahrgenommen wurden. Michael Schibilsky hat das 1989 unter der Überschrift »Wächteramt Ethik« kritisch dargestellt und dabei rühmend auf den Mediziner H. Krebs hingewiesen, der den Stein ins Rollen gebracht hatte (Schibilsky Ethik; übrigens war Prof. H. Krebs lange Jahre Vorsitzender der Bundesvereinigung Lebenshilfe für geistig Behinderte e.V.; er hatte also ständige direkte Kontakte zu behinderten Menschen und ihren Angehörigen). War es in den zwanziger Jahren nicht ähnlich? In seinem Gutachten »Das Problem der ›Euthanasie‹ im Spiegel evangelischer Ethik« stellt Ernst Wolf fest: »Die großen christlichen Sittenlehren und theologischen Ethiken des 18. (...) und 19. Jahrhunderts (...) behandeln ... das Problem nicht. Ebenso führende theologische Ethiker des beginnenden 20. Jahrhunderts ... Auch das Akutwerden des Problems mit Erfahrungen im ersten Weltkrieg und

mit der vor allem publizistischen Verhandlung der Fragen, zum Teil im Anschluß an die Aufsehen erregende Broschüre von K. Binding und A. Hoche, führte zunächst noch nicht zu einem Aufgeben der traditionellen Zurückhaltung in den theologischen Ethiken« (Wolf Gutachten, S. 348). Und an späterer Stelle: »Daß das Problem auch in Ethiken des 20. Jahrhunderts bis in die Gegenwart [1966; U.B.] häufig materiell nicht behandelt wird, bestätigt, daß es als solches der christlichen Kirche seit etwa dem 5./6. Jahrhundert als eine ganz selbstverständlich ausgeschlossene Möglichkeit galt« (S. 359). Also muß man sich auf die Suche begeben, muß bei Theologen anklopfen: Nun lege einmal deine ›traditionelle Zurückhaltung‹ ab; nimm zur Kenntnis, *daß* diese Dinge breit diskutiert werden; und ich will, daß du mir hilfst, in diesen Fragen nicht unterzugehen. Auch damals war es ein in der praktischen Behinderten-Arbeit stehender Mediziner, der hier nicht lockerließ; die Rede ist von Ewald Meltzer (1869-1940, seit 1918 Direktor einer »Landespflegeanstalt für bildungsunfähige schwachsinnige Kinder« in Großhennersdorf; hierzu und zum folgenden: Klevinghaus Geschichte, S. 75 ff. und 156 ff.). Schon vor dem Erscheinen des Binding-Hoche-Buches trägt Meltzer seine Anfrage dem Theologen Karl Weidel vor (auf diesen war er sowohl durch ein theologisches Buch aufmerksam geworden als auch dadurch, daß Weidel Jahre zuvor klare Forderungen sozialethischer, sozialpädagogischer und sozialrechtlicher Art formuliert hatte). »Auf die spezielle Frage hatte Weidel geantwortet, er halte ›die Pflege unheilbarer blödsinniger Kinder für genauso zwecklos wie das Tun der ägyptischen Mönche, die, um sich in der Selbstverleugnung zu üben, dürre Stecken in die Erde steckten und täglich bewässerten. Zwecklose Arbeit wäre sinnlose Kraftvergeudung, die besser nutzbar gemacht werden könnte, und daher unsittlich.‹ In diesem Sinne hatte Weidel das Jesuswort verstanden ›Ihr sollt die Perlen nicht vor die Säue werfen‹ (Mt 7,6) und ›Laß die Toten ihre Toten begraben‹ (Lk 9,60), die Arbeit an geistig Toten sei keine Aufgabe geistig Lebendiger« (Klevinghaus Geschichte, S. 75). Auch hier also - s. o. -: die einen Menschen sind Menschen, die anderen sind Dinge, vergleichbar mit toten Stöcken. Auch hier wieder: das *Nicht*-Pflegen entspricht einer höheren Sittlichkeit; das Pflegen schwerstbehinderter Menschen wird schlicht als »unsittlich« bezeichnet!
E. Meltzer wandte sich auch an andere Theologen. Die Antwort des

Heidelberger Professors Ludwig Lemme ist insofern wesentlich differenzierter, als sie klar unterscheidet zwischen dem, was dem einzelnen Christen erlaubt ist (keinesfalls Euthanasie), und dem, wozu der Staat befugt sein kann (unter Umständen auch zur Euthanasie). Da mir aus der damaligen Zeit keine Stellungnahme bekannt ist, in der die Tötung eines behinderten Menschen der Entscheidung eines *einzelnen* überlassen wird (auch das oben erwähnte Buch von A. Ploetz redet da von einem »Ärztekollegium, das über den Bürgerbrief der Gesellschaft entscheidet«), darum scheint mir *im Ergebnis* die Aussage Lemme's nicht weit entfernt zu sein von den Sätzen, die ich von Weidel zitierte. Hier also Lemme: »Die christliche Anschauung von dem unendlichen Werte der einzelnen Menschenseele duldet ... keine willkürliche Lebensvernichtung«. Aber: »Der Staat ... kann nicht ohne weiteres die Grundsätze individueller christlicher Ethik befolgen, wenn er auch im allgemeinen nach ihr orientiert ist« (zit.: Klevinghaus, Geschichte, S. 76). »Während also der einzelne Christ nicht töten darf, kann es der Staat tun bei solchen, die für den sozialen Organismus eine unerträgliche Belastung bilden (Hinrichtung). Unter keinen Umständen darf daher die Vernichtung unterwertigen Menschenlebens durch einen Willkürakt einzelner einsetzen, sondern nur in Form einer Staatseinrichtung durch Autorisierte. Zur Herbeiführung des Lebensendes sind also Eltern, Ärzte, Anstaltsvorsteher nicht als Einzelpersonen befugt, sondern es ist eine staatliche Behörde notwendig, bestehend aus Ärzten, geistlichen Sachverständigen unter Hinzuziehung eines Elternrates« (zit.: Fischer Vernichtung, 44; bei Fischer endet hier das Zitat; bei Nowak Stimmen, 33, wird noch der sich anschließende, eine *zwangsweise* Euthanasie ausschließende Satz zitiert: »In jedem Falle müßte den Eltern bzw. dem Vormunde ein unbedingtes Vetorecht zustehen«). Nach Lemme widerspricht es »der christlichen Ethik nicht, einem untermenschlichen Vegetieren, das lediglich sich selbst zur Last falle, abgesehen von der Belastung anderer, ein Ende zu bereiten« (zit.: Klevinghaus Geschichte, S. 77).
Die Äußerungen Lemmes so ausführlich zu zitieren, veranlaßt mich das Gutachten von Ernst Wolf. Dieser zitiert einen Satz von Meltzer (den auch Klevinghaus, S. 79, Fischer, S. 45, und Kiefner Ulbrich, S. 262, bringen): »Selbst hochstehende Vertreter der Theologie sind der Auffassung, daß eine solche Handlung dem Geiste der christli-

chen Religion nicht widersprechen würde, weil sie, aus reinstem Wohlwollen für die leidende Menschheit hervorgegangen, eine tief sittliche sein würde«. Diese These Meltzers schwächt E. Wolf sofort ab, indem er kommentiert, hier »dürfte ... wohl nur auf wenig durchdachte Gelegenheitsäußerungen Ungenannter Bezug genommen sein« (Wolf Gutachten, S. 349). An späterer Stelle behauptet er, daß von den sieben von Meltzer Angeschriebenen nur drei die Euthanasie bedingt befürworten, »die anderen sie jedoch ablehnen, so die drei namhaften der genannten Theologen« – nämlich Lemme, Titius und Ihmels (S. 360). Hierzu zweierlei: a) Auch nach E. Wolf gehört Lemme also zu den ›namhaften Theologen‹ und nicht, wie es im vorigen Zitat klang, zu den ›Ungenannten‹. b) Daß Lemme denen zuzuordnen wäre, die die Euthanasie ablehnen, läßt sich im Blick auf die ausführlich vorgestellten Lemme-Zitate nicht aufrecht erhalten. – So muß es wohl bei dem Urteil bleiben, das sich bei Fischer (S. 44) und bei Klevinghaus (S. 78) findet, daß von den durch Meltzer angefragten Theologen sich nur Ihmels kompromißlos gegen die Tötung Schwerstbehinderter ausgesprochen hat. – Nur am Rande: Ewald Meltzer hatte auch Juristen (sie waren in ihrer Meinung geteilt) und Mediziner angesprochen (die letzteren bildeten eine »Front der Ablehnung« der Euthanasie) (vgl. Kiefner Ulbrich, S. 261 f.).
Da es mir in unserem Zusammenhang um die Äußerungen von Theologen geht, möchte ich ebenfalls nicht weiter eingehen auf das, was bei Meltzer besonders wichtig ist: seine Umfrage bei den Eltern. Zu seiner Überraschung (»Das hatte ich nicht erwartet«) waren unter den 162 Rückmeldungen (bei 200 verschickten Fragebögen) nur 43 Nein-, aber 119 Ja-Stimmen (»ja« zur schmerzlosen, klar gesetzlich geregelten Tötung des behinderten Kindes) (nach: Klevinghaus Geschichte, S. 80 f.) – diese Dinge zeigen noch einmal nachhaltig das damalige »Klima«.
Auch bei einem Kurz-Einblick in das Thema »Euthanasie-Mentalität in den zwanziger Jahren« (und um mehr als um einen Kurz-Einblick kann es hier nicht gehen) darf auf keinen Fall der Eindruck entstehen, als stünden sich »schwarz« und »weiß« wie klar voneinander abgegrenzte Blöcke gegenüber. Die tatsächlichen Lebensvollzüge und Auseinandersetzungen waren unglaublich bunt. So notiert Johannes Kiefner (Kiefner Bedrohung, S. 18) die Tatsache, daß

A. Hoche, als ihm um 1940 die Urne einer in der Nazi-Euthanasie umgebrachten Verwandten zugestellt wurde, zum Gegner der Euthanasie wurde. Andererseits lassen sich bei dem Euthanasie-Gegner Meltzer Anzeichen feststellen für eine gewisse Faszination, die für ihn von der Binding-Hoche-Argumentation ausging (vgl. dazu die Darstellung in: Klevinghaus Geschichte). So wäre es oberflächlich und falsch, wenn man sagen wollte: In den zwanziger Jahren hat Theologie entweder zum Thema geschwiegen oder sie hat sich — mit der einen Ausnahme: Prof. Ihmels — positiv zur Euthanasie geäußert. Bei Fischer fand ich weitere kritische Stimmen, und zwar im Zusammenhang seines Berichts über ein 1940 erschienenes, vorsichtig, aber insgesamt eher positiv zur Euthanasie sich äußerndes Buch von W. Stroothenke. Dieser zitiert mehrere Theologen, die er anschließend widerlegen möchte, zum Beispiel Füllkrug: »Jedes abnorme Kind, an dessen Krankheit und Gebrechen die Eltern nicht schuld sind, ist den Eltern gegeben zu einer heilsamen Erziehung. Jedes abnorme Kind wird zu einer Predigt für die Eltern; es predigt ihnen etwas von der Hinfälligkeit und Schwachheit des menschlichen Körpers und Lebens« (zit.: Fischer Vernichtung, S. 53). Auch wenn wir diese Sätze in mehreren Einzelheiten so kaum nachsprechen können, *eine* m. E. enorm wichtige Sache ist hier deutlich formuliert: Das behinderte Kind ist keineswegs eine »Sache«, sondern unser Mitmensch; und zwar so sehr, daß *uns* etwas fehlen würde ohne dieses Kind; wir wüßten nicht nur weniger über die Hinfälligkeit des *behinderten* Körpers, sondern wir wüßten nicht richtig Bescheid (ganz allgemein!) über die »Hinfälligkeit und Schwachheit *des* menschlichen Körpers und Lebens«, kurz: über uns selber. Anders gesagt: Der behinderte Mensch wird nicht gesehen als unser Gegenüber, das uns zu der Überlegung veranlaßt, ob wir ihm Leben gönnen sollen oder nicht; sondern er wird als unser Mitmensch gesehen, dessen Hilfe wir für unser eigenes Zurechtkommen nötig haben. Ich werde an dieser Stelle deshalb so ausführlich, weil ich hier das Gegenteil dessen sehe, was ich *Apartheidstheologie* nenne (und die ist nicht schon überwunden, wo ich entschieden nein sage zur Euthanasie; denn es findet sich auch die Haltung -s. u.-: bestimmte Menschen sind natürlich minderwertig, ihr Leben ist lebensunwert, aber trotzdem dürfen wir sie keineswegs töten). — Jedenfalls steht es uns nicht an zu urteilen: »die« Theologie jener Zeit habe geschwiegen oder (mit einer einzigen Ausnahme) die Euthanasie befürwortet. So viel aber läßt sich sagen: Jene Theologie war weder frei von einem Schweigen, das sich verheerend auswirkte, noch von eindeutig die Euthanasie befürwortenden Verlautbarungen. Mit *dieser* Theologie nach 1945 da weiterzumachen, wo sie 1933 aufgehört hatte, das jedenfalls konnte keine sinnvolle Zielangabe sein.

3. Und die Diakonie?

Glücklicherweise lassen sich »Theologie« und »soziales Tun« nicht sauber voneinander trennen. So hätte ich Ewald Meltzer, der ja aus der Behindertenarbeit kommt, auch in diesem Abschnitt vorstellen können; ich tat es an der früheren Stelle, weil mir besonders an den Äußerungen der Theologen lag, die er angefragt hatte. Andersherum hätte ich Martin Ulbrich (1863 – 1935; von 1903 – 1931 Direktor der Pfeifferschen Stiftungen in Cracau bei Magdeburg), auf den ich jetzt eingehen möchte, schon vorhin nennen können, weil er Theologe war. – M. Ulbrich hat sehr zahlreiche kleinere und größere Veröffentlichungen verfaßt, Gedichte, Predigten, Kommentare, Vorträge, Gelegenheitsschriften. Erstaunlich finde ich, wie früh und wie deutlich er sich von seinem »Kontext« her (dem ständigen Umgang mit schwerbehinderten Menschen und deren Begleitern) schroff gegen die Euthanasie wandte. Schon 1911, also fast ein Jahrzehnt vor der Binding-Hoche-Schrift, sagte er: »Die vielen Unglücklichen sind beseelte Wesen, die man voll und ganz nehmen muß, den Leib, die Seele und den Geist. Kein Stück darf vernachlässigt werden. ... Und mehr als einmal sind Stimmen laut geworden, auch aus zartem Frauenmunde, die nach Gesetzen und Mitteln verlangen, jene überflüssigen Wesen möglichst bald unter die Erde zu schaffen. ... Wer von Natur an Gaben ärmer ist, der hat ein Anrecht auf ein größeres Maß der Liebe bei den anderen, und diese Liebe macht die Augen hell und die Hände willig« (zit.: Kiefner Ulbrich, S. 246 f.). Sein immer wiederkehrendes »Hauptargument« (so: Kiefner Ulbrich, S. 259): »Für uns Christen gilt der Satz, daß nur der das Leben abfordern darf, der es gepflanzt hat.« Daneben gibt es viele andere Argumente; unter den theologischen scheint mir

das folgende wichtig zu sein: »der Heiland ... ist nicht gekommen, zerstoßene Rohre zu zerbrechen ... sondern er will die Elenden erquicken, ihre Wunden verbinden und ihren Jammer heilen«. Von da aus: »Wenn Gott das zerstoßene Rohr nicht zerbricht, sollen wirs auch nicht tun« (beide Zitate: Kiefner Ulbrich, S. 260). — Ulbrich nimmt den Kampf nicht nur auf mit der damals verbreiteten Euthanasie-Mentalität (»Ulbrich selbst erwähnt mehrfach, daß die ›Euthanasie‹-Forderung auch in christlichen Kreisen viele Anhänger habe«, Kiefner Ulbrich, S. 250), sondern auch mit der Option für eine »Sterilisation Minderwertiger«: hier »bringt Ulbrich in mehr als zwanzig Aufsätzen seine Stellungnahme« ein: zunächst äußert er »Vorbehalte«, dann wird seine »Kritik heftiger«; schließlich »lehnt er ... vollkommen ab. Sterilisation bezeichnet er neben Euthanasie als ›verkehrte Wege‹ ... ›die verbaut werden müssen‹« (Kiefner Ulbrich, S. 241 f.). Seine praktisch-handfeste und gleichzeitig sensible Art zu votieren zeigt sich etwa in diesem Zitat: Gegen das Sterilisierungs-Argument, man müsse einem Menschen wegnehmen, »womit er Unfug anrichtet«, sagt er: »Aber die Zeugungsfähigkeit ist doch nicht mit einem Taschenmesser ... zu vergleichen ... Sie ist vielmehr, mag man sie beseitigen oder nicht, ein Stück der Menschenwürde, die man gerade bei Minderwertigen nicht schädigen soll« (zit.: Kiefner Ulbrich, S. 243). Für Ulbrich sind die Dinge klar: »Wir wollen nichts von Euthanasie und nichts von Sterilisierung der Minderwertigen wissen! Wir wollen helfen im Sinne des Heilandes, der durch das Gleichnis vom großen Abendmahl auch uns befohlen hat: Führe die Krüppel herein!« (1926; zit.: Kiefner Ulbrich, S. 261).
Schroffe Gegenpositionen kommen in den Blick, wenn wir uns nun Hans Harmsen zuwenden. — H. Harmsen, 1924 Dr. med., 1926 Dr. phil., leitete seit 1926 das (1926 gegründete) Fachreferat IV »Gesundheitsfürsorge und Kranken- und Pflegeanstalten«, das (innerhalb des Centralausschusses der Inneren Mission) zur »Abteilung Wohlfahrts- und Jugenddienst, Diakonie und soziale Arbeit« gehörte; begonnen wurde auch die »Gesundheitsfürsorge, Zeitschrift der Evangelischen Kranken- und Pflegeanstalten« (nach: Schleiermacher S Vorabend, S. 60 f.), deren Schriftleitung Harmsen übernahm (Kiefner Ulbrich, S. 244 f.).
Es sind höchst erstaunliche Zitate, auf die man stößt, wenn man

einige Hefte dieser Zeitschrift durchblättert (»Gesundheitsfürsorge«). Auch jetzt bleibe ich dabei, daß ich fast nur Belege aus der Zeit *vor* Januar 1933 bringe. Es zeigt sich rasch, daß H. Harmsen (a) sich voll dem einpaßt, was ich oben »Klima« nannte (oder hat er sogar dieses Klima mit geprägt?). Deutlich von den Aussagen des Schriftleiters heben sich Texte ab, die er in der Zeitschrift auszugsweise abdruckt; ich denke an Äußerungen der »Evangelischen Fachkonferenz für Eugenik« (b); diese Sätze haben es immer noch »in sich«, sind aber wesentlich zurückhaltender als die Thesen Harmsens. Außerdem zitiere ich (c) den Text eines weiteren Verfassers, der mir noch verwegener zu votieren scheint als Harmsen. Aber der Reihe nach.

a) Zu H. Harmsen:

Keineswegs willkürlich ist es, hier etwas breiter auf Harmsen zu sprechen zu kommen. Denn Harmsen war nicht irgendwer. Vielmehr war er »neben seiner allgemein anerkannten fachwissenschaftlichen Kompetenz auch institutionell im hohen Maße mit Legitimation ausgestattet«. Deutlich ist auch bei ihm der »Zusammenhang zwischen einer als ›wissenschaftlich‹ begriffenen Haltung und seiner praktischen Mitwirkung am Sterilisierungsprogramm ... Der Name Harmsen steht stellvertretend für eine auch sonst vor und nach 1933 in Fachkreisen der ›Inneren Mission‹ nachweisbare Konstellation« (beide Zitate: Nowak Kirchen, S. 24).
Den Jahrgang 1931 eröffnet H. Harmsen mit einem Beitrag unter dem Titel: »Bevölkerungspolitische Neuorientierung unserer Gesundheitsfürsorge« (1931, Heft 1, S. 1-6). Hauptthese: In der *Wohlfahrtspflege* müssen wir deutlich in den Blick nehmen die *Volks*wohlfahrt (1). Mit Schrecken wird konstatiert: »Kinderreichtum zeigen meist nur noch Trinker, Psychopathen, Hemmungslose und Asoziale« (4). Die Frage bricht auf: »Ist das gegenwärtige System der staatlichen Wohlfahrtspflege, die heute überwiegend Minderwertigen dient, nicht zu einer Gefahr für die Erhaltung der gesunden Volkssubstanz geworden?« Daher: »Nur eine radikale Änderung unsrer Fürsorge kann eine *Rückkehr zur Volkswohlfahrtspflege* bringen. Voraussetzung für deren Erneuerung ist die *weltanschauliche Neuorientierung in der bewußten Bejahung der*

natürlichen Ungleichartigkeit der Menschen« (4). Der Schlußsatz dieses Artikels: »An Stelle eines bedenklichen Kults, den unsre Zeit heute nur allzu häufig mit der Krankheit treibt, sei unser Ziel: *Dienst am Leben!*« (6).

Noch deutlicher wird Harmsen im Mai-Heft (Heft 5/1931), S. 127-131 unter der programmatischen Überschrift: »Eugenetische Neuorientierung unserer Wohlfahrtspflege« (wieder ist es der erste Artikel im Heft). Die Rede ist von den »sozial und biologisch minderwertigen Bevölkerungsschichten«; und es geht um »*die Ausschaltung der erbbiologisch Minderwertigen von der Fortpflanzung*. Dies kann sowohl auf dem Wege eines operativen Eingriffs als auch durch die Asylierung geschehen, und es ist wohl mit Nachdruck darauf hinzuweisen, daß in diesem Sinne die Anstalten der freien Liebestätigkeit, namentlich die großen Einrichtungen für Schwachsinnige und Epileptiker, eine außerordentlich hohe eugenetische Bedeutung hatten und haben« (S. 129). Sogar Rechenaufgaben, wie sie im »Dritten Reich« beliebt wurden, könnten sich auf unseren Verfasser berufen; in einer Statistik von 1928 findet er 54 Millionen Verpflegungstage in Heil- und Pflegeanstalten verzeichnet; bei einem Tagessatz von 5 RM errechnet er 270 Millionen. »*Diese Summe würde ausreichen, um mit einem Schlag die ganze Wohnungsfrage lösen zu können*« (S. 130). (Hervorhebung — wie auch an den übrigen Stellen — im Original). »Es muß deshalb ein Ausweg aus dem jetzigen Zustand gesucht werden, der wertloses Leben um jeden Preis zu erhalten versucht, *wertvolles* aber verkümmern läßt. Wir haben vor allem die *Entstehung von krankem Leben zu verhüten*. Außer der Asylierung wird es aber notwendig sein, die Frage der *freiwilligen oder auch zwangsmäßigen operativen Unfruchtbarmachung* mit allem Ernst zu bedenken« (S. 131). »Läßt man den Dingen freien Lauf, so sind wir in Gefahr, daß unser Volk an der überspannten Fürsorge und Wohlfahrtspflege zugrunde geht. Das bisherige Prinzip der *individuellen Fürsorge* muß ergänzt werden durch eine *differenzierte Fürsorge*. Erhebliche Aufwendungen dürfen nur für jene Kranken gemacht werden, die voraussichtlich zu einer vollen Leistungsfähigkeit kommen können. Für die übrigen Hilfsbedürftigen ist dagegen die Wohlfahrtspflege auf das Maß einer menschenwürdigen Versorgung und Bewahrung zu begrenzen« (S. 131). Was wir brauchen, ist eine klare gesetzliche Regelung der

Sterilisierung: »Weil die Asylierung nicht in allen Fällen der zweckmäßigste Weg sein dürfte, ist die *Vornahme einer operativen Unfruchtbarmachung gesetzlich zu gewährleisten*« (S. 131).
Das in diesen beiden Aufsätzen fast auf die Spitze getriebene Apartheidsdenken macht sich fest

- an diffamierenden Bezeichnungen: minderwertig, lebensunwert usw.,
- an dem zur Norm erhobenen Kriterium »einer vollen Leistungsfähigkeit«,
- an einem selbstverständlichen Einschränken der Freiheitsrechte (die Anstalten werden gelobt, weil sie per Asylierung Schlimmes verhindern),
- an einem deutlichen Ja zum Eingriff in die körperliche Unversehrtheit vieler Mitmenschen (Sterilisierung, auch »zwangsmäßig«!),
- an dem infamen Argumentationsmuster: nicht wir bringen Behinderte in Gefahr, sondern umgekehrt: Diese Minderwertigen bringen es, wenn wir nichts tun, dahin, »daß unser Volk ... zugrunde geht«.

Wie naiv müssen wir eigentlich sein, wenn wir ständig beteuern, in keiner einzigen kirchlichen oder diakonischen offiziellen Verlautbarung sei die Euthanasie befürwortet worden (wobei ich keineswegs widersprechen möchte), wenn wir aber nicht gleichzeitig bis ins Innerste erschrecken angesichts dieses Arsenals von menschenverachtenden Thesen, wie sie sich (geschlagene zwei Jahre vor der sogenannten Machtergreifung) in einer Fachzeitschrift der Inneren Mission finden lassen? Eine Diakonie, die öffentlich das Argument aufstellt, die »Minderwertigen« gefährden unser Volk, sie könnten es sogar »zugrunde«-richten, darf, solange sie ehrlich ist, später nicht Zeter und Mordio schreien, wenn der Staat sich anschickt, diese Gefährdung radikal (nicht nur durch Sterilisierung, sondern auch durch Tötung) auszuschalten. Wer sich dann entrüstet: ›davon hatten wir doch gar nichts gesagt‹, ist entweder jetzt sträflich dumm und/oder dreist, oder er war es damals. (Wir werden sogleich sehen, daß auch Harmsen offenbar diese radikale Lösung nicht ausschließen wollte.)

b) Die Evangelische Fachkonferenz

Als Anfang 1931 der Centralausschuß der Inneren Mission die Bildung einer »Evangelischen Fachkonferenz für Eugenik« beschloß, war auch hier H. Harmsen »Hauptinitiator und dann Geschäftsführer dieses Kreises« (Klieme Diakonie, S. 72). Zur ersten Fachtagung kam man im Mai 1931 in Treysa zusammen (bei Schleiermacher S Vorabend, S. 67, sind die meisten der 23 Teilnehmer namentlich aufgeführt). Bei den Ergebnissen heißt es unter Punkt 2: »Vernichtung lebensunwerten Lebens: Die Konferenz ist einmütig der Auffassung, daß die neuerdings erhobene Forderung auf Freigabe der Vernichtung sogenannten ›lebensunwerten Lebens‹ mit allem Nachdruck sowohl vom religiösen als auch vom volkserzieherischen und ärztlichen Standpunkt abzulehnen ist« (Fischer Vernichtung, S. 48; Fischer zitiert auch die Ausführungen zu den drei genannten Begründungen). Der Standpunkt ist eindeutig, auch wenn dem »einmütig« offensichtlich eine heiße Debatte vorangegangen war: Aus dieser Diskussion zitiert Ernst Klee aus dem Protokoll auch folgende Äußerung H. Harmsens: »Könnten wir eine Kommission anerkennen, die über das Leben von Menschen zu entscheiden hätte? Dem Staat geben wir das Recht, Menschenleben zu vernichten — Verbrecher und im Kriege. Weshalb verwehren wir ihm das Recht zur Vernichtung der lästigen Existenzen?« (Klee Kirche, S. 84 f.). — Wenn Harmsen durch die »Minderwertigen« unser Volk in Gefahr sieht (s. o.), nimmt es nicht wunder, wenn er sie nun in Parallele bringt zu Verbrechern, die zum Tode zu verurteilen sind, bzw. zu Feinden, mit denen man Krieg führt. Beide Äußerungen tat Harmsen im Mai 1931.

Ein weiterer Verhandlungspunkt auf der Fachtagung (Treysa, Mai 1931) war das Thema »Eugenik und Wohlfahrtspflege«. Die Erklärung zu diesem Punkt beginnt so: »Mit Nachdruck ist darauf hinzuweisen, daß erbbiologische Gesundheit nicht mit ›Hochwertigkeit‹ identisch ist« (Fischer Vernichtung, S. 47) — auch hier wieder: deutlich andere Töne als die bei Harmsen gehörten. Dennoch ist auch dieser Text eindeutig geprägt von einem Apartheidsdenken:

- Die Forderung einer »differenzierten Fürsorge« (teuer dürfen nur diejenigen werden, bei denen »volle Leistungsfähigkeit« zu erwarten ist; bei den anderen geht es nur um »menschenwürdige Versorgung und Bewahrung«) (Fischer Vernichtung, S. 48) entspricht fast wörtlich dem Harmsen-Text, den ich aus dem Mai-Heft der »Gesundheitsfürsorge« (S. 131) zitierte.
- Die Fortsetzung lautet (wieder nach Fischer): »Träger erblicher Anlagen, die Ursache sozialer Minderwertigkeit und Fürsorgebedürftigkeit sind, sollten tunlichst von der Fortpflanzung ausgeschlossen werden.«

Im Januar-Heft 1933 der Zeitschrift »Gesundheitsfürsorge« kommt Harmsen noch einmal ausführlich auf diese Tagung zu sprechen und zitiert aus der damaligen Zusammenfassung unter anderem: »Gott gab dem Menschen Seele wie Leib, er gab ihm die Verantwortung für beides ... Dennoch fordert das Evangelium nicht die unbedingte Unversehrtheit des Leibes. *Führen seine von Gott gegebenen Funktionen zum Bösen oder zur Zerstörung seines Reiches in diesem oder jenem Glied der Gemeinschaft, so besteht nicht nur ein Recht, sondern eine sittliche Pflicht zur Sterilisierung aus Nächstenliebe und der Verantwortung, die uns nicht nur für die gewordene, sondern auch die kommende Generation auferlegt ist*« (2; teilweise auch zit.: Klieme Diakonie, S. 73). Diese Passage ist geprägt nicht nur vom Apartheids*denken*, sondern eindeutig von einer Apartheids-*Theologie*: Krank ist nicht einfach krank, sondern Teil des »Bösen«; bei den Schwerstbehinderten sind nicht nur unsere finanziellen und sonstigen Ressourcen in Gafahr, sondern dem Gottes-Reich droht die Zerstörung. Wir verteidigen nicht nur die genetische Gesundheit unseres Volkes, sondern Gottes Sache, wenn wir für Sterilisierung eintreten. Und auch dieses »eintreten«, also *unser* Tun, wird theologisch gedeutet, zum Gehorsam gegenüber dem Gotteswillen verklärt. Das ist in geradezu klassischer Reinheit das Muster der perversen Apartheids-Theologie: auf der einen Seite die Hilfsbedürftigen, von deren leiblichen Funktionen man behauptet, sie führten so sehr zum Bösen, daß auf solche Weise das Reich Gottes »zerstört« (!) werden kann; auf der anderen Seite die zur Hilfe Verpflichteten, die sich aber das Recht anmaßen, ihre schwächeren Mitmenschen zu verstümmeln, und die solche Taten auch

noch (bei Nennung des Gottes, der Seele und Leib gegeben hat!) zur »sittlichen Pflicht« und zur »Nächstenliebe« überhöhen. — Da haben wir also die Front der Guten gegen die Bösen, von der sechzehn Jahre später das Darmstädter Wort sprach.
Übrigens scheint man auf dieser Tagung einen Mittelweg versucht zu haben zwischen »nur freiwillige Sterilisierung« und »Sterilisierung auch zwangsweise« mit der Formel »ohne Einspruch«: Weil in der Frage der Sterilisierung »gegenwärtig ... Rechtsunsicherheit« besteht, »erscheint es der Konferenz dringend wünschenswert, daß die ohne Einspruch des Betreffenden vorgenommene Sterilisierung nicht als Körperverletzung im strafrechtlichen Sinne anzusehen ist, sofern sie aus eugenetisch-sozialer Indikation vorgenommen und nach den Regeln der ärztlichen Kunst durchgeführt wird« (»Gesundheitsfürsorge«, Jan. 1933, S. 2).
Von der zweiten Fachkonferenz (Juni 1932) berichtet Harmsen im September-Heft 1932 seiner Zeitschrift (S. 157-161). Aus einer Stellungnahme dieser Konferenz zitiere ich nur einen Satz: »Die *Evangelische Fachkonferenz für Eugenik* betont, daß bei der *Auswahl der Ärzte* für die Besetzung der leitenden Stellen in den Anstalten für Körper- und Sinngebrechliche Interesse für eugenetische Fragen und erbbiologische Vorbildung verlangt werden müssen« (S. 161). — Ich greife diesen Satz heraus, weil ich an die Langzeitwirkung dieses Beschlusses denke, die ich natürlich konkret nicht kenne; ich kann nur fragen: Bis wann war diese »Auswahl« gültig, eine Auswahl also, in der ein kirchlicher Anstellungsträger seinen leitenden Ärzten untersagte, ausschließlich an das Zurechtkommen der ihnen anvertrauten Menschen zu denken, in der ihnen vielmehr zur Pflicht gemacht wurde, auch in der Fragestellung, ob nicht diese behinderten Menschen dem Volksganzen schaden könnten, kompetent zu sein? Bis wann haben die letzten, so ausgewählten, leitenden Ärzte in unseren diakonischen Einrichtungen praktiziert?.Was wurde anschließend in den evangelischen Einrichtungen getan, um dem mit solcher Auswahl Struktur gewordenen (und hier und da gewiß über Jahrzehnte hin Struktur gewesenen) Apartheids-Klima den Garaus zu machen?

c) Ein weiterer Text aus der »Gesundheitsfürsorge«

Im Januar-Heft 1931 findet sich (unmittelbar nach dem ausführlich von mir dargestellten Artikel des Schriftleiters) auf den Seiten 6-8 ein mit »B.« gezeichneter Text unter dem Titel: »Forderungen der Eugenik, vom sozial-hygienischen Standpunkt betrachtet«.
Da heißt es zu Beginn (6): »Eugenik ... lehrt und fordert, gestützt auf die Forschungen der *Erbbiologie*, Nichtzeugung der Minder- bis Unterwertigen, nötigenfalls sogar deren Vernichtung.« — Ich kannte bisher aus der Zeit vor 1933 keinen Text aus der offiziellen Diakonie, der sich positiv zur Euthanasie äußerte. Liegt hier eine solche Äußerung vor? Mindestens auf den ersten Blick verhält es sich so. Zugeben will ich gern, daß der Satz nicht eindeutig ist: Denn den Ausdruck »(gefordert wird die) Nichtzeugung der Minderwertigen« kann man (aktivisch) verstehen als: ›wir fordern, daß Minderwertige nicht zeugen‹ (dann ist mit »Vernichtung« gemeint: falls die Minderwertigen nicht gehindert werden können, Nachwuchs zu zeugen, müssen *sie* eben getötet werden; das hieße: sog. Euthanasie); den genannten Ausdruck kann man aber auch (passivisch) deuten als: ›wir fordern, daß Minderwertige nicht gezeugt *werden*‹ (dann ist mit »Vernichtung« gemeint: falls es doch zum Zeugungsakt gekommen ist, müssen wir *das Gezeugte* vernichten; das könnte — außer: Tötung sofort nach der Geburt — heißen: Schwangerschaftsabbruch). Klar scheint zu sein: Wenn wir den Satz nicht im Sinne dieser zweiten (wie ich meine: etwas gequälten) Deutung verstehen (und auch diese Deutung hat es mit einem schlimmen Faktum zu tun: eugenische Indikation), gilt im Zitat die Euthanasie als »nötigenfalls« zu »fordern«. (Ich sage es noch einmal: Fachzeitschrift der Diakonie, Januar 1931, zwei Jahre vor der sog. »Machtergreifung«.)

Von Seite 7 notiere ich: Die »Geisteskranken ... können« das »Gemeinleben ... sehr erheblich schädigen. Sind sie doch nicht fähig, ihre eigene Person zu umsorgen und bedürfen stets der Hilfe.« Mit »sehr erheblich schädigen« ist also nicht gemeint: diese Kranken könnten randalieren, Amok laufen, morden; nein, der erhebliche Schaden, den sie anrichten, besteht in nichts anderem als darin, Hilfe ständig nötig zu haben. — Auch dieses notiere ich im

Blick auf unsere Überlegungen zu Kirche, Theologie und Diakonie in der Zeit nach 1945: Wenn man nach dem Kriege nur fragen wollte, wer hat für, wer hat gegen Euthanasie (und / oder Sterilisierung) gesprochen, geschrieben und agiert, wäre das ein plattes »Erbsen-Zählen«. Den Dingen auf die Spur kommen wir nur, wenn wir erheblich umfassender ansetzen, wenn wir zum Beispiel die Anthropologie betrachten: Wie redete man (und wie reden wir heute) vom Menschen, vom hilfsbedürftigen Menschen: Ist er weniger »wert«?, Oder ist es normal, ist es ein Wesensmerkmal *jedes* guten menschlichen Geschöpfs, auf Hilfe angewiesen zu sein?
Weiter: Wie wurden und werden »Leben« und »Gemeinschaft« verstanden (und ansatzweise definiert)? In unserem Text ist (ebenfalls auf S. 7) von Kranken die Rede, »die infolge ihrer Unfähigkeit, sich dem Leben anzupassen, der Gemeinschaft zur Last fallen«. Es geht mir um die Logik dieses Satzes. Wissen wir, was »Leben« und was »Gemeinschaft« ist, *bevor* wir an diese Kranken denken? *Dann* ist es selbstverständlich, daß sie sich (*diesem* Leben) nicht anpassen können. (Zur Verdeutlichung: Wer behauptet, zum »Leben« gehöre dazu, daß man gehen, bis hundert zählen und mit Messer und Gabel essen kann, der sorgt mit dieser Vorgabe dafür, daß sich diesem Leben viele schwerbehinderte Menschen nicht anpassen können – und kein einziger Säugling.) Entsprechend: Bestimmen wir den Begriff »Gemeinschaft«, *ohne* daß wir dabei an die Schwächsten denken? Dann ist es klar, daß *diese* Gemeinschaft durch die Schwachen sich nur belastet fühlen kann. (Auch hier ein Beispiel: Wenn nach 1933 ›Volksgemeinschaft‹ so definiert wurde, daß die nichtjüdische Abstammung dazu unabdingbar war, dann sind jetzt auch diejenigen Juden ausgeschlossen, die im ersten Weltkrieg so selbstverständlich zur Volksgemeinschaft dazugehörten und sich in ihr hervortaten, daß man sie mit dem EK I auszeichnete – durch die neue Definition sind sie plötzlich »out«.) – *Die Logik unseres Zitats ist also ein krasses Apartheidsdenken.* Und im Blick auf die Zeit nach 1945 ist zu fragen, ob diese Logik überwunden ist, konkret: Denken wir weiterhin im Schema: bestimmte Menschen sind unfähig, sich dem Leben anzupassen? Oder haben wir die Möglichkeit erkannt, daß die »Unfähigkeit« auf *unserer* Seite liegen könnte und daß sie darin besteht, daß auch wir es nicht wagen, so vom »Leben« zu reden, daß die Schwächsten von vornherein (schon von unserem

Denken und Begriffe-Festlegen her) berücksichtigt sind, und so von »Gemeinschaft« zu reden, daß (per definitionem) eine real existierende Gemeinschaft immer nur aus Gesunden *und* Kranken, aus Stärkeren *und* Schwächeren bestehen *kann*? Haben wir also gelernt, »Integration« nicht nur zu organisieren, sondern integrierend schon zu denken, zu sprechen, zu definieren?
Ein letztes Zitat aus diesem Text. Ich bringe es aus doppeltem Grund. Zunächst: Der wohlwollende »Gesundheitsfürsorge«-Leser könnte aus der Überschrift des Artikels vielleicht schließen, hier sollten die »Forderungen der Eugenik« nur vorgestellt werden; klar sei natürlich, daß die Diakonie dazu nur schroff »nein« sagen könne. Das folgende Zitat formuliert den einzigen Einwand, den ich im Text fand. Zweitens geht es mir noch einmal um die Definition von »Leben«: Hier wird das Wort »lebensunfähig« für Schwerstbehinderte verwendet, und zwar nicht in dem Sinne, daß sie möglicherweise in den nächsten Tagen sterben, sondern eindeutig so: was sie führen, ist kein »Leben«. – Hier der Schlußabschnitt des Textes (8): Gegen diese »Forderungen der Eugenik« könnte der »Bevölkerungspolitiker« protestieren, *wenn* es sich »um besonders zahlreiche Fälle handelte. Doch wurde der Kreis der zu Entkeimenden so eng gezogen, daß durch ihn nur die Menge der lebens*unfähigen* Individuen, nicht der lebens*schwachen* erfaßt wird. Es kann somit kein Bedenken gegen die Durchführung der Forderungen aufkommen; ist doch nicht die Menge der Bevölkerung allein, sondern deren Wertigkeit für das Gedeihen des Staates maßgebend.«

d) Nachbemerkung zu a) bis c):

Je länger ich mich mit Texten wie den hier vorgestellten beschäftige, um so deutlicher wird mir mein Unvermögen bewußt, die einzelnen Sätze wirklich exakt und umfassend zu verstehen. Müßten wir dazu nicht einiges darüber wissen, woher nicht nur bestimmte Denkvoraussetzungen (vgl. hierzu das zum »Klima« Gesagte) kommen, sondern auch einzelne Begriffe oder halbe Sätze? Und wenn das doch einmal deutlich wird, brechen unter Umständen neue Fragen auf. – Dazu ein Beispiel: Im Januar-Heft 1933 der »Gesundheitsfürsorge« zitiert Harmsen Leitsätze, die er im November 1932 dem

»Ständigen Ausschuß für eugenetische Fragen« vorgelegt hatte. Ich zitiere aus dem Satz 9 (S. 4): »Gott schuf Adam und Eva als erste Gemeinschaft, er schuf Stämme und Völker, ein jegliches nach seiner Art, und jedem ward die Aufgabe und Pflicht, das ihm anvertraute Erbgut zu erhalten und zu entfalten. Kirche und Innere Mission haben nicht nur den einzelnen, sondern auch der Gemeinschaft und dem Volk zu dienen. *Die Innere Mission darf keinesfalls zur Entartung unsres Volkes beitragen*.« Der wuchtige, von Harmsen hervorgehobene Satz wird durch die Anführungszeichen als Zitat ausgewiesen, ohne daß Harmsen jedoch die Quelle anführt. Dieses Problem konnte ich zwar lösen: In den Richtlinien der »Deutschen Christen« vom 26.5.32 heißt der Punkt 8 (zit.: Barmen Dokumentation, S. 35): »Wir sehen in der recht verstandenen Inneren Mission das lebendige Tat-Christentum ... Wir wissen etwas von der christlichen Pflicht und Liebe den Hilflosen gegenüber, wir fordern aber auch Schutz des Volkes vor den Untüchtigen und Minderwertigen. Die Innere Mission darf keinesfalls zur Entartung unseres Volkes beitragen.« Aber eine neue Frage bricht auf: *Warum* gibt Harmsen den Fundort nicht an? Konnte er damit rechnen, daß sich dieser Satz von Mai 1932 bis November 1932 bei allen Ausschuß-Mitgliedern herumgesprochen hatte, so daß sich die Quellenangabe erübrigte? Oder wäre es ihm negativ angelastet worden, hätte er *diese* Quelle angegeben? Oder hat er sie November 1932 vielleicht genannt, aber Januar 1933 schien es ihm ungünstig, sie auch den Lesern zu nennen? — Das Nicht-Wissen in diesem Fall zeigt mir, daß ich es durchaus für möglich halten sollte, daß ich bei der einen oder anderen meiner vorangehenden Interpretationen gründlich »danebengehauen« habe. Doch habe ich so zahlreiche Zitate gebracht, daß die Hauptlinien unstrittig klar sein dürften — und es geht mir nicht um einzelne Sätze, sondern eben um diese Hauptlinien.

C. Unser Weg nach 1945

Schlimm wäre es gewesen, hätten Kirche und Theologie 1945 da weitergemacht, wo man 1933 aufgehört hatte; zu stark war vor 1933 die Anpassung an Denkströmungen gewesen, die Zwangssterilisierung und »Euthanasie« vorbereitet hatten; schlimmer noch: Zum Teil hatte man diese Denkströmungen mit vorangetrieben. Gegen Ende seiner Ausführungen über die Sterilisierungs- und Euthanasie-Gedanken in den zwanziger Jahren resümiert J. Kiefner mit Bezug auf K. Nowak: »Alles in allem sind wenig Autoren auszumachen, die kompromißlos gegen die Vernichtung ›lebensunwerten‹ Lebens eintraten. Ein großer Teil plädierte mehr oder weniger vorbehaltlos für die ›Euthanasie‹. Hauptsächlich wurden dabei, und damit entsprachen sie dem ›Trend der Zeit‹, Argumente angeführt, die an den Leitbildern der Sozialdarwinisten und Rassenhygienikern orientiert waren« (Kiefner Ulbrich, S. 263).

Schlimm wäre es aber auch gewesen, wenn man das 1945 fällige Umdenken darauf beschränkt hätte, ab sofort eindeutig »nein« zu sagen zu Sterilisierung und Krankentötung. Denn eindeutig waren beide nur die Tat gewordene Konsequenz einer umfassenden unmenschlichen Apartheids-Ideologie, die den Menschen nur kennen wollte als den starken, gesunden, brauchbaren Könner, die den schwächeren Menschen folglich an die Seite schieben, wenn nicht gar beseitigen wollte als den Störer, als die Ballast-Existenz, oder auch als Manifestation des »Bösen«, als Gefährdung des Volkes oder auch des Reiches Gottes.

1. Eine wegweisende Predigt und ein langes Schweigen

Sehr früh wurde erkannt, daß der Neuanfang wesentlich radikaler gewagt werden muß. Ich zitiere einen Satz aus einer Predigt, die Fritz von Bodelschwingh am 29. April 1945 in Bethel gehalten hat (also noch vor dem Kriegs²Ende; aber die Front hatte Bethel bereits überrollt): »Zu den Gottlosen, die der Bekehrung zum Herrn bedürfen, gehört immer in erster Linie die Kirche. Sie muß ein neues Rufen und Suchen lernen. Sie muß bereit sein, sich völlig neue Gedanken schenken zu lassen« (zit.: Bethel Gedenken, S. 52).

Aus diesem Satz halte ich fest:

- »Gottlos« sind nicht irgendwelche anderen, denen wir Buße predigen müßten; gottlos sind »in erster Linie« wir selber; *wir* haben die Bekehrung nötig.
- Der Unterschied zwischen dem, was wir sind, und dem, was wir sein sollen, läßt sich nicht komparativisch fassen (wir gaben uns Mühe, aber es reichte nicht; es hätte mehr und mutiger und brennender sein müssen), sondern nur als radikales Bekenntnis: Kirche ist, wir sind ein Haufen von Gottlosen.

Nur andeuten kann ich hier, daß v. Bodelschwingh damit eine theologische Position einnimmt, die Karl Barth (a) vor 1933 und (b) ab 1945 mit Vehemenz vertreten hat.

a) In den Jahren 1930/31 wandte sich Karl Barth mehrfach scharf gegen ein forsches Reden vom »Jahrhundert der Kirche«. So leitet er im Vortrag »Die Not der evangelischen Kirche« (1931) aus der These, »daß jede Kirche unter allen Umständen in allen ihren Lebensäußerungen eine Kirche von Sündern, d. h. von Übertretern und Feinden Gottes ist« (zit.: Barth Götze, S. 37), die ratlose Frage ab: »Wo und wann und wie wird denn die Kirche der verlorenen, der geistlich bankerotten, der auf Barmherzigkeit angewiesenen und von Barmherzigkeit lebenden Leute sichtbar?« (S. 52) Acht Tage später hielt damals Otto Dibelius einen Gegenvortrag, auf den Barth in seinem »Nachwort« (a. a. O., S. 58-62) reagiert: seine »Stellung« sei »die des *ganzen* Protestes gegen das *ganze*, die Sprache von D. Dibelius redende Kirchentum« (S. 62).

b) Im genannten Vortrag von 1931 hatte K. Barth auch diese Frage gestellt: »Wo ist eigentlich die Kirche, die selber in der Buße steht, die sie predigt?« (a. a. O., S. 53). Nach Ende des Krieges hat er dann, 1945 in Tübingen, »davon gesprochen, daß sich die Deutschen nun veranlaßt sehen müssen, ihre Schuld am Geschehen unverklausuliert auszusprechen« (dieses und das folgende fand ich in einem mit »PF« gezeichneten Beitrag in den Ev Komm 1989, Heft 5, S. 5-8: »Die Moral der Politik. Versöhnung als Voraussetzung für Verständigung zwischen Gegnern«). Dieses Mal läßt sich Helmut Thielicke zu einem Gegenvortrag herausfordern, in dem er bereits »alle noch heute wirksamen Rechtfertigungsgründe für das Erscheinungsbild konservativer deutscher Politik ... versammelt: de(n) Hinweis auf die Schuld der anderen, die ja die eigene Schuld erst provoziert habe; die Vorrangigkeit ökonomischer Prosperität, um deretwillen moralische Bedenken schon einmal zurückgestellt werden dürften; die Dämonisierung des Kommunismus, womit allemal Kreuzzugsideen ideologisch gerechtfertigt werden; schließlich die Stilisierung des eigenen Tuns zum passiven Erleiden.« Im Rückblick muß festgestellt werden: »Nicht das Stuttgarter Schuldbekenntnis — ganz zu schweigen vom Darmstädter Wort mit seiner schonungslosen Aufdeckung der ›Verwirrungen‹ der Evangelischen Kirche in Deutschland — wurde zur Grundlage einer evangelischen Kirchenerneuerung. Thielickes Entschuldigungs-Theologie machte Karriere — wie er selbst: akademisch, kirchlich, politisch.«

- Auf die Seite des »Bösen« gehört einer nicht, weil er vielleicht erbkrank ist; auf die Seite des »Bösen« gehört einer, wenn er so ist wie wir; wir, die Gottlosen. (Der folgende Satz ist zwar nicht gesagt; aber das Gesagte läßt deutlich Platz für ihn: Mag sein, die Manifestation des Bösen besteht nicht darin, daß jemand erbkrank ist, sondern darin, daß andere, daß auch Christenmenschen *behaupten*, gewisse Krankheiten seien Manifestationen des Bösen — diese Behauptung, nicht jene Krankheit, ist »vom Teufel«.)
- Kirche kann heute nicht Wegweiser, nicht Lotse sein; sie weiß den Weg nicht, sie muß ihn selber gezeigt bekommen, sie hat es nötig, ihn zu »suchen«; sie muß zu Gott »rufen«, damit er sich und ihn finden läßt.
- Daher wäre es blanke Illusion, sich mutig zusammenzurotten in dem Vorhaben (mit dem gegenseitigen Appell), miteinander die nötigen »Gedanken« zu finden und zu entwickeln; vielmehr: Das, was jetzt nötig ist zu denken, muß uns »geschenkt« werden. Anders gesagt: Was von uns verlangt ist (was die Kirche »muß«), ist nicht die Lieferung neuer Gedanken (damit wären wir überfordert), sondern die Bereitschaft, endlich auf's eigene Großsein zu verzichten, um sich die neuen Gedanken schenken zu lassen.

- Eindeutig ist in dieser vBodelschwingh-Predigt von 1945 schon angelegt, was man im Oktober des Jahres (»Stuttgarter Erklärung«) offenbar nicht mehr zu sagen wagte, was erst zwei Jahre später unter viel Mühen in Darmstadt wieder zum Tragen kam: »Wir sind in die Irre gegangen.«

Aber war mein letzter Satz nicht Schönfärberei? Ist das »Wir sind in die Irre gegangen« wirklich 1947 ›zum Tragen gekommen‹, ist es beibehalten worden, hat sich diese Sicht durchgesetzt? *Vielleicht* könnte man (im Blick auf die Thesen von R. Giordano, s. u., formuliere ich sehr vorsichtig) diese Frage in dieser oder jener Beziehung dankbar und ehrlich bejahen, kaum aber im Blick auf das Thema »Sterilisierung und Euthanasie«, sofern dieses Thema Einrichtungen der Diakonie mit einbezieht. Es war unendlich schwer, offen einzugestehen: »Wir sind in die Irre gegangen.« Ich denke nicht daran, das zu verurteilen, ich konstatiere es nur. — Als Schlaglicht folgendes Beispiel: Während der Nazi-Euthanasieaktion wurden von den 1.758 Pfleglingen der Neuendettelsauer Anstalten »mindestens 1.238 Pfleglinge« abtransportiert, von denen »die meisten ermordet wurden. Nach 1945 wurde dieses Geschehen jahrzehntelang weitgehend verschwiegen und verdrängt« (Müller Verlegung, S. 40). Erst etwa vierzig Jahre später begann man mit der Aufarbeitung; und als »die bis dahin offensichtlich kollektive Verdrängung des Geschehens und die Mauer des Schweigens um die damaligen Ereignisse« endlich durchbrochen waren und im Jahre 1991 (also fünfzig Jahre nach der Krankentötung) eine gründliche Publikation der Öffentlichkeit vorgestellt wurde, da brachte das »den heute Verantwortlichen des Diakoniewerkes nicht nur Zustimmung ein« (Müller Verlegung, S. 42).

Wenn wir heute dieses Schweigen zwar nicht gutheißen, aber doch ein klein wenig verstehen wollen, müssen wir gewiß mehrere Punkte berücksichtigen:

- Im allgemeinen gilt uns beispielsweise der Siebenjährige Krieg als die Geschichte Friedrichs des Großen und nicht als »die Geschichte der 500 000 in diesem Krieg erschlagenen Menschen«. Denn wir betreiben »Geschichte ›von oben‹ ... und nicht ›von unten‹«. Entsprechendes gilt auch in unserem Zusammenhang:

»Die Geschichte der Diakonie im ›Dritten Reich‹ wird vorrangig reflektiert als die Geschichte ihrer Verantwortlichen« (Klieme Diakonie, S. 67). — Zuweilen scheint diese Sichtweise allerdings geradezu gespenstische Ausmaße anzunehmen. Ich denke an die »Treysaer Erklärung« von 1946; diesen Text nennt man gelegentlich das »Schuldbekenntnis« der Männlichen Diakonie. Ehrlich ist da von ›schwerer Versündigung‹ die Rede und davon, daß wir ›begangene Sünde zugeben‹ müssen: »Wir wollten die Größe der Welt gegen die Niedrigkeit Jesu eintauschen.« Aber bei alledem blickt man nicht auf die sterilisierten und die getöteten Menschen (die sich uns doch anvertraut hatten, zu deren Schutz wir bestellt waren), sondern auf die Diakone; genauer, (1) auf ihre »Haltung«: daß viele von uns »der weltanschaulichen und religiösen Verführung verfallen« sind, und (2) auf ihre Organisation: als wir im Herbst 1933 dem Führerprinzip Einzug bei uns gewährten, war das der »Anfang einer tiefen Zerstörung unserer Sache.« (Nebenbei gesagt: Bei dem Hamburger Diakonen-Treffen im Herbst 1933 kam einiges zusammen: ein halbes Jahr nach der »Machtergreifung«, 450. Geburtstag Martin Luthers, hundertjähriges Bestehen des Wichernschen »Rauhen Hauses« und damit der männlichen Diakonie, womit gegeben war: Aufbruch in unser zweites Jahrhundert — es war nicht schwer, aus diesem Datum politisch-religiös-emotional Kapital zu schlagen.) Schlimm finde ich nicht etwa, *was* in der Treysaer Erklärung gesagt ist (über manches könnte man selbstverständlich streiten); geradezu aufregend finde ich aber, was in diesem Text *nicht* gesagt wird. Auch bei mehrmaligem Lesen kann ich nicht einmal zwischen den Zeilen Hinweise auf Sterilisierung und »Euthanasie« finden.

- Auf der ersten Nachkriegszusammenkunft des »Deutschen Verbandes evangelischer Heilerziehungs-, Heil- und Pflegeanstalten« (Bethel 1947) forderte Ludwig Schlaich (Leiter der Anstalt Stetten), »man möge doch vor allen Wiederaufbauplanungen gemeinsam eine sorgsame Dokumentation der nationalsozialistischen Gewalteingriffe in die Mitgliedseinrichtungen des Verbandes erstellen«; damit konnte er sich nicht durchsetzen (Klieme Diakonie, S. 65). Warum nicht? Offenbar ist hier nicht nur zu denken an »das plötzliche Überranntsein von Nachkriegsnöten«; hinzu kam etwas anderes: »›Euthanasie‹, – das waren die inzwischen abgetretenen nationalsozialistischen Machthaber. Kirche und Innere Mission verstanden sich dagegen insgesamt als zur Seite der Sieger gehörend« (Klieme Rückblick, S. 236). Damit ist aber die Einschätzung klar: *Vor* 1945 gehörte man nicht zu den Tätern, sondern zu den Opfern. Und in dieser Hinsicht scheint tatsächlich eine »tragische Komplexität« vorzuliegen: Die Diakonie im »Dritten Reich« war »Opfer und hat zugleich den Tätern in die Hände gearbeitet«; sie »hat dem Nationalsozialismus mit den Boden bereitet – um danach dessen Opfer zu werden. Auch in ihrer vielfältigen Bewährung ist sie nicht ohne gleichzeitiges Schuldigwerden davongekommen« (Klieme Diakonie, S. 66 f.).

- Berücksichtigen müssen wir aber auch das (a) engere und (b) weitere Umfeld der Diakonie nach 1945. (a) Nicht nur Diakonie, Kirche insgesamt tat sich enorm schwer, eigene Schuld-Verstrickung offen in Augenschein zu nehmen (vgl. das zu Karl Barth und seinen Gesprächspartnern Gesagte). Wenn Ernst Klee noch 1989 schreibt: »Kirchliche Geschichtsforschung wird bis heute … vorwiegend als Entschuldigungs-Forschung betrieben. Gefragt sind wortgewandte Reinwäscher« (Klee Kirche, S. 10), dann kann das »bis heute« gewiß als Übertreibung gewertet werden (ich denke zum einen an kritisches Aufarbeiten in mehreren großen Anstalten – von Neuendettelsau war die Rede –, zum anderen an Verlautbarungen wie die Rheinische Synodalerklärung von 1985, dazu: vgl. unten); der wuchtigere ›Rest‹ der Klee-Äußerung dürfte aber (etwa bis 1980) den Tatsachen entsprechen. (b) Aber blicken wir *noch* weiter über den ›Tellerrand‹ der Diakonie hinaus. Wieder Ernst Klee: Die Auslassung im eben zitierten Satz ist die Parenthese: »- und darin unterscheidet sich Kirche nicht von anderen Institutionen -« (a. a. O.). Was hier nur angedeutet ist, wird ausführlich und konkret dargestellt von Ralph Giordano in seinem Buch »Die zweite Schuld«. Giordano nennt die Schuld der Deutschen unter Hitler die »erste Schuld«, um davon abzuheben die »zweite Schuld: die Verdrängung der ersten nach 1945« (Giordano Schuld, S. 11). Ein paar Stichworte: der »große Friede mit den Tätern«, der »Verlust der humanen Orientierung« (beides: Giordano Schuld, S. 11), »Amnestie durch die Hintertür«

(S. 143), »Bundesjustiz – NS-Justiz: die untilgbare Schmach« (S. 157), »der deutschnationale Adam kommt immer wieder durch« (S. 165), »die seinerzeitige Renazifizierung« (S. 217), »die kollektive Verdrängung« (S. 237), »das eine große Stigma der zweiten Schuld – Unbußfertigkeit« (S. 308). Eine der für unsere Thematik wichtigsten Thesen sehe ich in den folgenden Zeilen: »In der Rückschau erscheinen die ›Fünfziger‹ wie verspätete NS-Jahre. Es wehte ein verständnisinnig angebräunter Wind durchs Land, wie ihn sich die Generationen der Söhne, Töchter und Enkel von heute nicht mehr vorstellen können. Es war der totale Triumph der Verdrängung und Verleugnung, der Sieg der These von der Kollektivunschuld« (S. 122). – Nicht also nur für die Jahre nach dem ersten Weltkrieg ist von einem »Klima« zu sprechen (s. o.), ebenso auch im Blick auf die Zeit nach dem zweiten Weltkrieg; woher aber sollte dann ausgerechnet die Diakonie das Rüstzeug haben (Mut, Kompetenz, klare Orientierung), um ›aus der Reihe zu tanzen‹?

- »Ausgerechnet die Diakonie« sagte ich; denn ich denke noch einmal an einen Hinweis, den Joachim Klieme gibt: Wer hatte denn zwischen 1933 und 1945 gemeinsam an den Konferenztischen der Inneren Mission gesessen? Zum Teil waren es »engagierte Widerständler aus der bekennenden Kirche«, neben ihnen »engagierte Nationalsozialisten (bis zum SS-Mitglied) ... Vermutlich liegt in dieser diffusen Verbandssituation während der Zeit des Nationalsozialismus ein wesentlicher Grund mit dafür, daß nach dem 8. Mai 1945 eine gemeinsame Trauerarbeit gar nicht geleistet werden konnte« (Klieme Rückblick, S. 237).

Auf diese Schwierigkeiten der Diakonie, im Blick auf die Opfer von Sterilisierung und »Euthanasie« Trauerarbeit zu leisten, und das heißt, sich selbst *auch* in der Rolle der Täter zu sehen, ging ich deshalb relativ ausführlich ein, weil nur auf diese Weise verständlich werden kann, daß es so enorm lange gedauert hat, bis Kirche und Diakonie ihre eigenen, *vor* 1933 liegenden Äußerungen kritisch in Augenschein nahmen. Denn das ist schlicht logisch: Solange ich nicht in der Lage bin, einen tatsächlichen Unfall als Unfall zu erkennen und darauf sachlich korrekt zu reagieren, so lange *kann* mir kaum die Frage kommen, wie es denn zu diesem Unfall gekommen sein mag. So war offenbar auch bei meinem jetzigen Thema (Diakonie vor 1933 und nach 1945) der historische Ablauf: Erst als zu Beginn der achtziger Jahre Einrichtungen der Diakonie vermehrt ihre eigenen Archive kritisch und selbstkritisch durchforsteten (Bethel, Neuerkerode und Neuendettelsau seien genannt; übrigens wirkte mitunter vielleicht auslösend, mindestens aber verstärkend das 1983 erschienene Buch von Ernst Klee, »Euthanasie« im NS-Staat, Die »Vernichtung lebensunwerten Lebens«), *da* erst konnte in den Blick kommen, (1) daß die »Euthanasie« der Nazis nicht gewissermaßen plötzlich vom Himmel gefallen war (so entstand die Frage nach den Gesundheits- und Krankheits-Vorstellungen — ebenso aber auch die Frage nach der Verhältnisbestimmung von ›Freiheit des einzelnen‹ und ›Ordnungsverpflichtung des Staates‹ — in der vor 1933 liegenden Geistesgeschichte), und (2) daß die Verstrickung von Diakonie und Kirche in den Ablauf dieser Verbrechen nicht etwa darin ihren Grund hatte, daß 1933 mit einemmal viele Theologen und Diakonie-Verantwortliche verrückt geworden wären (so entstand die Frage nach theologischen und anthropologischen Aussagen — dazu die Frage nach Freiheit und Unfreiheit der Kirche gegenüber Staat, Wissenschaft und Ideologien — in den ersten drei Jahrzehnten unseres Jahrhunderts). Begünstigt wurde diese Fragestellung gewiß durch zwei besondere Daten; 1985: vierzig Jahre nach Kriegsende; 1989: 50 Jahre nach dem Beginn der Nazi-«Euthanasie« (wobei hier noch verstärkend hinzukam die Tatsache, daß seit Mitte 1989 die neuen Euthanasie-Thesen Peter Singers breit und hitzig diskutiert wurden).

Wahrscheinlich ist unser Abstand zu den achtziger Jahren noch zu gering, als daß wir entscheiden könnten, ob das lange Schweigen nun tatsächlich der Vergangenheit angehört oder ob Ernst Klee zuzustimmen ist, der (s. o.) Kirche (und Diakonie) vorwirft, »bis heute« hauptsächlich Entschuldigungs-Forschung zu betreiben. Unstrittig aber sind die Fakten, daß es (1) seit ca. 1980 kritische Veröffentlichungen aus Diakonischen Einrichtungen gibt, wie sie vorher nicht denkbar waren (da es mir in meinem Text nicht um die Aufarbeitung der *praktizierten* Apartheid geht, wie sie sich in den Jahren 1933-1945 verbrecherisch austobte, sondern um die Frage nach der Apartheids-*Theologie* in den Jahren vor 1933 und nach

1945, darum belasse ich es hier bei dem knappen Hinweis auf diese wichtigen Arbeiten), und daß es (2) seit den achtziger Jahren theologische Bemühungen gibt, das Apartheidsdenken damals und heute (wenn auch meistens in anderer Begrifflichkeit) zu erkennen, aufzudecken und nach Möglichkeit zu überwinden, theologische Bemühungen, wie sie in den davor liegenden Jahren ebenfalls nicht denkbar waren. Mehrere dieser Texte seien genannt:

2. Die Rheinische Synodalerklärung von 1985

Als einen in dieser Hinsicht m. E. geradezu mustergültigen Text möchte ich die Synodalerklärung der Evangelischen Kirche im Rheinland (Januar 1985) vorstellen: »Erklärung zur Zwangssterilisierung, Vernichtung sogenannten lebensunwerten Lebens und medizinischen Versuchen an Menschen unter dem Nationalsozialismus« (Die Westfälische Landessynode machte sich im Herbst 1985 diesen Text zu eigen):

»Der geistige Hintergrund, aus dem jene Aktionen erwachsen sind, muß deutlicher werden, damit erneute Gefährdungen wehrloser Menschen verhindert werden können« (EKiR-Erklärung, zit.: Westfalen Lesebuch, S. 232). Hier wird der Doppelbogen geschlagen, der mir in meinem jetzigen Text enorm wichtig ist: die Frage nach rückwärts (woraus sind die Verbrechen der Nazi-Zeit »erwachsen«) *und* die Frage nach vorne (könnte und müßte jener »Hintergrund«, wenn er von uns nicht wachsam aufgearbeitet wird, heute nicht »erneute Gefährdungen wehrloser Menschen« entstehen lassen?).

»Diese Verbrechen der Lebensvernichtung waren keineswegs nur die Folge besonderer Unmenschlichkeit des nationalsozialistischen Regimes. Sie geschahen nach einer langen geistigen Vorbereitung« (S. 232). Wieder geht es wenig später um jenen Doppelbogen: Es werden »Vorstellungen« genannt, »die damals die Verbrechen ermöglichten und heute als Einstellungen weiter wirksam sind« (S. 233), zum Beispiel:

» – Kranke und Behinderte erscheinen häufig nicht als menschliche Partner, sondern als Objekte für Forschung, Heilbehandlung, Pflege und Betreuung. Sie werden einseitig von ihrer

Hilfsbedürftigkeit her verstanden und in ihrem vollen Menschsein verkannt. ...
— Der Mensch wird als unabhängig, vernünftig und zur Selbstverwirklichung fähig verstanden; tatsächliche Abhängigkeit, Einschränkung geistiger Fähigkeiten und Hilfsbedürftigkeit sollen nicht zum Menschen gehören.
— Der Sinn des Lebens wird in Glück, Gesundheit, Leistung und Konsum gesehen, darum werden Krankheit, Schmerz, Leid und die Behinderung bei Leistung und Konsum verdrängt. Falsch verstandenes Mitleid führt dazu, die Tötung leidender Menschen als Erlösung zu rechtfertigen« (S. 233).

Hier wird also nicht die Spezialfrage gestellt, ob man damals und ob man heute ja oder nein sagt(e) zu Sterilisierung und Krankentötung; sondern, im Wissen, daß beides letzte Konsequenzen eines umfassenden Unheils sind, werden grundsätzliche anthropologische Fragen gestellt. Daß die Synodalerklärung das trifft, was ich aus den zwanziger Jahren berichtete, liegt auf der Hand; daß sie auch heutige Mentalität trifft, weiß jeder, der die ratlosen Fragen kennt, die oft gestellt werden, wenn jemand eine Behinderten-Einrichtung besuchte: Was hat denn so ein Leben noch für einen Sinn?
— Reflektiert wird aber nicht nur, was man gern den Zeitgeist nennt (zu dem sich Kirche und Theologie rasch in ein Gegenüber bringen könnten). Vielmehr wird behauptet, daß auch die Theologie Wegbereiter für Grauenhaftes war:
»Theologische Aussagen über den Menschen haben sich bisher einseitig an seinen geistigen Fähigkeiten ausgerichtet. Infolgedessen hat auch die Kirche in ihrem praktischen Handeln kranke und behinderte Menschen oft nur von ihrer Hilfsbedürftigkeit her verstanden; sie konnte sie dann nur noch als Objekt ihrer Nächstenliebe sehen. Die Einrichtung großer Anstalten leistete entgegen der guten Absicht, Schutzräume für sie zu schaffen, häufig der Meinung Vorschub, Kranke und Behinderte gehörten nicht zur Gesellschaft und Gemeinde« (S. 233).
Die Synodalerklärung tut aber noch einen weiteren Schritt; und hier vor allem sehe ich (wenn ich es einmal so ausdrücken darf) das Kapital dieser Verlautbarung, mit dem es zu wuchern gilt. Die bisherigen Passagen *könnte* man verstehen im Sinne einer gesetzli-

chen Theologie: Was steht in unserem Bibelbuch?, und: Stimmen unsere Sätze damit überein oder nicht? Die weiteren Ausführungen aber zeigen, daß man nicht vom »Gesetz« her denkt, sondern vom »Evangelium« her. Die Basis, auf die das Nein zu Sterilisierung und Tötung gestellt wird, ist nicht eine umfassende Ethik (das schon wäre eine wichtige Position), sondern, noch zentraler, unser Reden von Gott, unser Glaube an den gekreuzigten Gottessohn: Wenn uns (1) im Kreuzestod Jesu unverbrüchlich das Ja Gottes zugesprochen wird; wenn wir (2) aufgefordert werden, die Angst machende Frage: »Bin ich auch *gut*?« endlich über Bord zu werfen, weil »post Christum« ein anderer, ein Befreiung schenkender Satz gilt, nämlich: »Du bist *gut genug*«, und wenn (3) klar ist, daß diese Zusage nicht einer kleinen Schar gilt, sondern uns allen (jung und alt, schwarz und weiß, Jude und Arier, gesund oder krank), dann bedeutet das die Beendigung jeder sortierenden und wertenden Trennlinie; dann bedeutet das die Ermöglichung eines geschwisterlichen Miteinander-Lebens ohne »tödliches Mitleid« (Klaus Dörner): ohne mitleidiges Bemuttern, das enger, als uns lieb sein kann, verwandt ist mit einem den »Ballast« wegwünschenden Töten-Wollen:
»Der gekreuzigte Jesus Christus ist also der kritische Maßstab, an dem wir alle Menschenbilder zu messen haben. ... Wir erkennen, daß dem Menschen seine Würde von Gott beigelegt und darum unantastbar ist ... Wir erkennen, daß Leiden den Menschen nicht erniedrigt und Leistung den Menschen nicht erhöht ... Wir bekennen, daß wir wie vorangehende Generationen in unserer Kirche diesen Zuspruch des Evangeliums nur unzulänglich bedenken und ernstnehmen. So konnte es geschehen, daß den menschenverachtenden Ideologien, die die Vernichtung behinderter und kranker Menschen geistig vorbereiteten, nicht deutlich genug entgegengetreten worden ist« (S. 233 f.). In den beiden letzten Sätzen, die ich für den Höhepunkt des Textes halte, wird wieder jener Doppelbogen deutlich: Der erste Satz redet im Präsens (bedenken und ernstnehmen), da werden wir mit den Generationen vor uns auf die gleiche Stufe gestellt. Der Folgesatz aber redet in der Vergangenheit: so *konnte* es geschehen ... Eindeutig mitgedacht ist: Wenn wir nicht endlich das Evangelium stärker und konsequenter »bedenken«, braucht sich niemand zu wundern, wenn die Verbrechen der Nazizeit sich bei uns

wiederholen. Auch hier: Kein Aufrichten eines Gesetzes (so etwas tut man nicht!), sondern Konzentration auf das Evangelium: Wer die allen geltende Frohbotschaft vernommen hat (jeder von euch ist gut genug), für den ist sowohl die »Euthanasie« als auch die sie vorbereitende, mindestens: die sie ermöglichende Euthanasie-Mentalität schlechterdings keine Möglichkeit mehr. *Deutlicher kann man die sozialpolitische Relevanz der Jesus-Botschaft nicht herausstellen.*

Schließlich: wir bitten darum, »an der Aufklärung der Vergangenheit mitzuwirken und unsere Tradition kritisch zu sichten, um die auch heute noch bestehenden Voraussetzungen jener Verbrechen und die entsprechenden Benachteiligungen zu erkennen und aufzuheben« (S. 234). Damit wird eine sehr weitläufige Arbeit angeregt, die gewiß nicht in einer einzigen Generation zu erledigen ist. Denn solches Aufarbeiten müßte ebenso zentral und gründlich vorgehen wie jene Analyse: Es dürfte also nicht nur gefragt werden, wie wir von Sterilisierung und »Euthanasie« reden, sondern umfassend muß gefragt werden: Wie reden wir von Gott? Wie reden wir von Jesus Christus: ist er uns der große Gesundmacher, und sein Kreuz stünde mehr am Rande; oder ist er der Gekreuzigte, so daß auch die Heilungsberichte vom Kreuz her zu interpretieren wären? Wie reden wir vom Menschen, nicht nur vom behinderten Menschen? Welchen Stellenwert haben in unseren Äußerungen Stärke und Schwäche, Hilfsfähigkeit und Hilfsbedürftigkeit? Wie reden wir von Kirche: Sind die Starken und die Schwachen gleichwertige Glieder der einen geschwisterlichen Gemeinde, in der nicht nur die Schwachen die Starken, sondern auch die Starken die Schwachen nötig haben? Oder sind wir Gefangene der Apartheids-Theologie, die uns einredete, die Helfenden kämen den Absichten Gottes näher als diejenigen, die »gar nichts mehr können«?

Nicht verschweigen möchte ich, daß wohl Mut dazugehört, an diesen Fragen hartnäckig zu arbeiten; denn zuweilen mag es nötig werden, sich mit etablierten Wissenschaften anzulegen, oder besser: sich gegen ihr Herrschen-Wollen zur Wehr zu setzen. Ich denke dabei an das, was der Mediziner Klaus Dörner schreibt: Für Forel sei klar gewesen, daß zwei Institutionen den »segensreichen sozialen Problemlösungsvorstellungen durch die Medizin entgegenstehen: Die Religion und das Recht. Beide Institutionen müssen – so Forel

— durch die Mediziner besiegt werden, da sie dem technischen Fortschritt im Wege stehen, zu rückständig sind. Wir wissen heute, daß dies den Medizinern im Laufe der folgenden 100 Jahre an vielen Stellen gelungen ist« (Dörner Unterschied, S. 327). Sind wir auch heute von den Wissenschaften so geblendet, daß wir uns nur ein harmonisches Verhältnis zu ihnen wünschen und vorstellen können? Oder wagen wir (vielleicht genötigt durch die Ereignisse der letzten 100 Jahre) um der Menschen willen auch einmal kräftigen Widerspruch? Dazu noch einmal Joachim Klieme: »Da viele Diskussionselemente aus der nationalsozialistischen Erbgesundheitspolitik in den gegenwärtigen Auseinandersetzungen um Eugenik, Sterilisation und Sterbehilfe wieder auftauchen, erscheint eine genaue Suche nach den damaligen Gesamtzusammenhängen um so notwendiger« (Klieme Diakonie, S. 71).

In den weiteren Texten dieses Büchleins bin ich bemüht, mich ein klein wenig an die von der Rheinischen Synodalerklärung angeregte Aufgabe zu wagen, »unsere Tradition kritisch zu sichten«: Wird bei uns so vom Evangelium geredet, daß es alle ein- und niemanden ausschließt? Gilt, von unserer Theologie her, der Schwächste so viel wie der Stärkste, der Aids-Kranke so viel wie der Kirchenrat? Erst wenn wir das rundum bejahen können, erst wenn ein solches »Ja« von der Praxis gedeckt ist, dürfen wir behaupten, wir hätten das Apartheidsdenken, das die zwanziger Jahre stark prägte und in den dreißiger Jahren zu unbeschreibbaren Verbrechen eskalierte, wirklich hinter uns gelassen.

3. Weitere Texte

Zum 1. September 1989 (dem 50. Jahrestag des Datums, auf das Hitler im Jahre 1939 den Beginn der Euthanasie rückdatiert hatte) veröffentlichte der Leiter der vBodelschwinghschen Anstalten Bethel, Pastor Johannes Busch, eine Presseerklärung, die theologisch gewiß starke Nähe zu jenem Synodaltext zeigt, in die aber gleichzeitig sensibel und konkret die Situation der in einer großen Behinderten-Einrichtung lebenden Menschen mit einbezogen wird; daraus zitiere ich (nach: Bethel Gedenken, S. 47 f.):

»Die Suche nach den Ursachen für die Tötungsaktionen während der

Zeit der Nazi-Herrschaft läßt uns zugleich erkennen, daß sich das Gefühl der Überlegenheit gegenüber Hilfebedürftigen und die Frage nach ihrer Brauchbarkeit oder ihrem Nutzen vielfach einschleicht in die professionelle Arbeit mit behinderten Menschen. Wir finden zwar in der Begegnung mit Schwer- und Mehrfachbehinderten bestätigt, daß sie liebenswerte und dadurch wertvolle Glieder der menschlichen Gemeinschaft sind, daß keiner von ihnen ohne Gaben ist, daß sie in ihrer Fähigkeit, mit Begrenzungen zu leben, vieles relativieren von dem, was uns beherrscht. Wir erleben in der Begegnung mit ihnen aber auch unsere eigenen Grenzen, die Versuchung, sie zu beherrschen und Gewalt über sie auszuüben, den Wunsch, ihre Behinderung wegzutherapieren, die Angst vor ihrer Andersartigkeit, vor der Schwachheit und vor der Krankheit, die uns in ihnen begegnet. ... Wir erinnern die Verantwortlichen in Kirche, Staat und Medien, alles dafür zu tun, daß im Blick auf die erneut aufgeworfene Diskussion um den Wert schwerbehinderter Menschen den Anfängen gewehrt wird, damit wir nicht weiter zu einer Gesellschaft entarten, in der sich Starke und Schwache zunehmend getrennt entwickeln, wobei sich schließlich die Ersteren aufgrund einer Kosten-Nutzen-Rechnung der Letzteren entledigen könnten, um ihren eigenen ›Fortschritt‹ zu sichern.«

Ich unterstreiche nur weniges:

- Wenn behinderte Menschen »vieles relativieren von dem, was uns beherrscht«, dann sind *sie* diejenigen, die *uns* helfen; *wir* sind unfrei (werden beherrscht), nicht etwa (nur) sie (durch ihre Behinderung).
- J. Busch scheut sich nicht, in diesem die Nazi-Zeit ansprechenden Text das Wort »entarten« zu benutzen; aber eben nicht so, daß dabei an behinderte Menschen gedacht ist (wie früher), sondern an uns und unsere ständig trennende Praxis.
- Geradezu schonungslos ist die Behauptung, unserer Gesellschaft *drohe* nicht *vielleicht* solche Entartung, sondern: sie *ist* bereits ein Stück weit entartet, es fragt sich nur, ob sie noch »weiter« entartet. Diese Passage sollte sich jeder merken, der behauptet, Theologen verpackten ihre Kritik (wenn sie überhaupt kritisieren) immer brav in Watte.

Schließlich werfe ich noch einen Blick in einen Brief, den das Diakonische Werk der Evangelischen Kirche von Westfalen zu Weihnachten 1989 an die Gemeinden verschickte (Westfalen Leben): Ich begnüge mich mit zwei Zitaten:
»Die Frage darf ... nicht lauten, ob ›dieser‹ Einzelne wirklich mit in die Gemeinschaft gehört. Er gehört auf jeden Fall dazu. Darum muß gefragt werden: Auf welche Weise wird unsere Gemeinschaft so tragfähig, daß wir uns über ihn freuen können und er sich über uns? Zur Diskussion steht also nicht das Menschsein behinderter Menschen, sondern *unser* Menschsein: Wie menschlich oder wie unmenschlich sind *wir*?« (zit.: Westfalen Lesebuch, S. 216).
»Es ist richtig und wichtig, das Leben zu lieben, gesund sein zu wollen, nach Glück zu streben. Wenn wir aber meinen, gesund sein zu müssen, da andernfalls unser Leben nicht mehr ›lebenswert‹ sei, wirkt sich der Wille zur Gesundheit lebensfeindlich aus: Weil wir bestimmte Lebenssituationen — wie unheilbare Krankheit — nicht mehr als für uns bestehende Möglichkeiten zulassen können, sind wir oft nicht mehr in der Lage, in schwer behinderten Menschen unsere gleichwertigen Mitmenschen zu sehen. Wir sprechen dann wie von Sachen; wir sagen: ›dieses ganze Elend‹. Jeder, der den Mut hat zu erkennen, daß bei allem Willen zum Leben auch von ihm selber solche Lebens-Einengung und Lebens-Bedrohung ausgeht, wird auch die Ereignisse während des ›Dritten Reiches‹ nicht mehr ohne Selbstkritik sehen können« (Westfalen Lesebuch, S. 219).
— Den letzten Satz wähle ich zum Ausgangspunkt einer
Schlußüberlegung:
Auch wenn es nötig ist, bestimmte Äußerungen und Entwicklungen pointiert kritisch nachzuzeichnen, kann und darf es dabei nicht unser Ziel sein, andere Menschen als schuldig hinzustellen und uns selbst in der Rolle der Besseren zu sonnen. Es kann nur darum gehen: Wir sehen, da hat jemand das Evangelium von Jesus nicht ernst genommen (ich nehme Worte der EKiR-Erklärung auf) und ist damit nicht nur selber gründlich auf die Nase gefallen, sondern hat dadurch andere Menschen dem Verderben ausgeliefert; und *dann* sehen wir, daß auch wir die Jesus-Botschaft nicht wirklich ernst nehmen, womit gesagt ist: Auch wir können möglicherweise Untäter werden (oder wir wurden es vielleicht schon). Nur geradezu sträfliche Naivität könnte uns verleiten, die von mir dargestellten

Dinge anders zu lesen als in der Haltung eines ehrlichen: »*Wir* sind in die Irre gegangen.« Um der Gefahr solcher Naivität zu entgehen, müssen wir allerdings einen Mut entwickeln, uns selbst mit zu thematisieren, Ausgrenzungs- und auch Tötungs-Impulse in uns wahrzunehmen. Dazu ein Beispiel:
Als in Bethel im März 1992 zur 125-Jahr-Feier dieser großen Behinderten-Einrichtung ein Symposion stattfand unter dem Thema »Was ist der Mensch ... ?«, sagte Günter Brakelmann in einem Vortrag: »Wer sich mit Geschichte befaßt, kommt in die Schmerzzone.« Dann, nach einem Blick auf Klassenkampf, Rassenkampf und »Ausrottung des als minderwertig deklarierten Lebens«: »Es gibt die Bereitschaft, die Tötungsschwelle nicht nur zu senken, sondern das Töten zum guten Werk selbst zu machen. Und das sind nicht die anderen, das ist Fleisch von unserem Fleisch. ... Man sollte nicht anfangen über den Menschen zu reden, ohne diese geschichtlichen Realitäten der unmittelbaren Vergangenheit mit zu beachten. Die geschichtliche Erfahrung zeigt überdeutlich, wozu wir (!) fähig sind.« Und schließlich: »Denn praktische Humanität werden wir bis zum Ende der Tage nur im Widerstand gegen die ewig sprungbereite Inhumanität haben« (Bethel Mensch, S. 23-34; Zitate: S. 23.25 f.34).
Zu dem, was hier im Umfeld der »Euthanasie« gesagt wird, fand ich Parallelen in einem Buch mit Deutungs-Versuchen des Holocaust. Da heißt es zum Beispiel, daß »Christen ... dem nicht ausweichen dürfen, sich mit den Henkern zu identifizieren« (Zuidema Isaak, S. 9); oder: Wir müssen fragen: »Wie todbringend sind wir für unsere Mitmenschen?« (a. a. O., S. 194); schließlich: »Wenn ich Hitler und seine Leute zu Teufeln mache, befreie ich mich selbst von der Pflicht, das Todbringende und Teuflische in mir selbst und in den sozialen Gruppen, zu denen ich gehöre, anzugehen, zu entlarven und unschädlich zu machen. Und dann kann alles wieder von vorn losgehen!« (a. a. O., S. 198).
Darum kann es auch heute für unsere Gesellschaft keine Hilfe bedeuten, wenn wir uns auf die Seite der Guten schlagen und uns über das entrüsten, was andere Menschen damals oder heute getan haben und tun. Im Gegenteil, »hilfreich« wäre allein eine Ehrlichkeit, in der wir zugeben, die genannten Negativ-Impulse auch in uns selbst zu kennen. Johannes Busch, der Leiter der v. Bodelschwinghschen Anstalten in Bethel, kommentierte entsprechend die in letzter

Zeit gehäuft auftretende Gewalt gegen Schwächere, indem er im Blick auf sich und seine Mitarbeiterschaft schrieb: »Ein kritisches Wort zur Entsolidarisierung in unserer Gesellschaft darf ... nicht den Eindruck erwecken, wir seien von der Tendenz zur Abgrenzung gegenüber andersartigen Menschen frei und hätten die solidarische Gesellschaft im kleinen bereits verwirklicht. Es könnte vielmehr hilfreich sein, wenn wir unsere Ambivalenzen im Umgang mit Andersartigen offenlegen und die Widersprüchlichkeiten in unserem Zusammenleben eingestehen würden« (Der Ring, 1993, Heft 2, S.4).
Wir haben gewiß noch einen weiten Weg vor uns. Wird es ein neuer Weg sein, ein Weg, auf dem wir voreinander mutig »das Todbringende« in uns allen in Augenschein nehmen, um dann miteinander zu versuchen, es nach Möglichkeit »unschädlich zu machen«? Oder wird es der uralte Weg sein, auf dem wir uns, als die angeblich Guten, bestürzt zeigen über das Böse, zu dem *andere* fähig sind; der Weg also, der im Laufe unseres Jahrhunderts schon zu mancherlei Unheil geführt hat? Ein weiter Weg — so oder so.

Bausteine für ein theologisches Nachdenken über Menschenbild und Menschenwürde

Als ich gebeten wurde, zu Menschenbild und Menschenwürde mich als Theologe zu äußern, befiel mich das Gefühl: Das kann ich nicht. Ich müßte nämlich darlegen, wie das Menschenbild, theologisch betrachtet, aussieht, worin die Menschenwürde, theologisch gesehen, besteht; ich müßte ferner erklären, wie das alles dann in die Praxis umzusetzen sei. Nein, das kann ich nicht, und ich werde auch gar nicht erst den Versuch dazu machen.
Sinnvoll und zu leisten scheint mir etwas anderes zu sein: mir selbst Rechenschaft darüber abzulegen, von welchen Voraussetzungen ich eigentlich ausgehe, wenn ich diese gewichtigen Begriffe angehe: Menschenbild, Menschenwürde. Was ist mir da so wichtig, daß ich es auf keinen Fall preisgeben möchte? Worin liegt der Grund dafür, daß Diskussionen zu diesem Thema oft kaum mehr sind als ein Austauschen schöngeistiger Sprüche oder ein Aufstellen großartig formulierter Forderungen? Anders gesagt: Ich weiß nicht recht, wie unser Menschenbild auszusehen hat; ich kann auch die Menschenwürde nicht definieren; aber ich weiß: wenn wir über beides sprechen, dann sollten wir dieses und jenes als etwas Unaufgebbares festhalten. Ich frage also: Welches sind unsere nicht verzichtbaren Eckdaten?
Im folgenden möchte ich drei Thesen vorstellen und diese zunächst allgemein erläutern. In einem weiteren Durchgang ziehe ich dann die Verbindung zwischen der jeweiligen These und der heute so hitzig entbrannten Diskussion über das Menschsein des Menschen.

These eins:

Wer im Blick auf behinderte und alte Menschen von Menschenbild und Menschenwürde spricht, darf nicht die Menschenwürde unserer sogenannten Klienten allein zum Thema erheben; denn auf diese Weise machten wir die »Menschenwürde des behinderten Menschen« zu einem Sonderthema; damit wäre aber der behinderte

Mensch von vornherein, also schon von unserem Denken her, als ein Sonder-Mensch gesehen, womit seine Menschenwürde in akute Gefahr geriete. Darum muß »ich« — ich, der Mitarbeiter; ich, der Nicht-Behinderte — mich sofort mit zum Thema machen: Worin sehe ich meine und seine und also unsere Menschenwürde?

These zwei:

Von Menschenbild und Menschenwürde können wir nicht so reden, daß wir den Menschen analysieren, daß wir feststellen, was er »hat« (Gesundheit, Selbstbewußtsein — was immer), sondern nur so, daß wir von dem reden, was er »ist«, was ihm von außen zukommt, was ihm geschenkt wurde.

These drei:

Wer realistisch und verantwortlich von Menschenwürde redet, spricht damit nie von einem einzelnen, sondern sofort von der Gruppe. Wir Menschen sind nicht zunächst Einzelwesen, die sich dann zu Vereinen oder Gruppen zusammenfinden. Vielmehr wurde »ich« nur Mensch, indem ich in einer Familie, also in einer Gruppe heranwuchs. »Meine« Menschenwürde gibt es überhaupt nicht so wie »meinen« Schultornister (den könnte ich, als einzelner, mit auf eine Nordpolexpedition nehmen, er ist und bleibt »mein« alter Schultornister). Nein, Menschenwürde gibt es nur so wie »meinen« Klassenausflug: den kann ich nie allein erleben; mag mein Einzel-Ausflug noch so schön sein, mich noch so weit führen (mag sein: zum Nordpol), er wird, solange ich allein bin, niemals mein *Klassen*ausflug. Ebenso gibt es die Menschenwürde niemals bei mir, bei ihm, bei ihr, sondern sie gibt es nur bei uns, oder sie gibt es nicht.

I.
Nun der erste, der kommentierende Durchgang.

Zu These eins:

Wenn wir im Bereich von Sozialpolitik, Caritas und Diakonie nach Menschenwürde fragen und dazu die Bibel befragen wollen, liegt es nahe, zu untersuchen, wie die Bibel von den Schwachen, vom Kranken, vom Behinderten redet. Und unter dieser Fragestellung lautet die Antwort: Auch der Behinderte steht unter dem Ja Gottes; Christus erklärt auch den Schwächsten zu seinem Bruder. Das hört sich gut an, man kann es so und ähnlich immer wieder hören und lesen. Trotzdem mahne ich zur Vorsicht. Ich halte diese beiden Sätze für schlimme, mindestens für gefährliche Sätze. Und zwar wegen des zweimaligen »auch«: *Auch* der Behinderte steht unter dem Ja Gottes; Christus erklärt *auch* den Schwächsten zu seinem Bruder.

Wer so redet, macht zwar den anderen zum Thema, nicht aber sich selbst; für sich selbst behauptet er, es sei doch alles klar. — Eine simple Parallele: Wer sagt: »Auch der Terrorist ist ein Mensch«, läßt *daran* keinen Zweifel aufkommen, daß er selbst, der Nicht-Terrorist, *selbstverständlich* ein Mensch ist. Über *unser* Menschsein muß man gar nicht reden; wir müssen angeblich nicht mit-thematisiert werden; daß *wir* Menschen sind, ist doch klar. Nur da am Rande entsteht die Frage: Ist *sogar* »der da«, ist »auch« »noch« dieser Terrorist ein Mensch? — Möglich wäre aber, diese Frage anders anzugehen, so nämlich, daß ich sofort Mit-Thema bin: Was ist das für eine sonderbare Welt, in der ich lebe, und in der junge Frauen und junge Männer (auch solche aus sogenannten »guten« Elternhäusern) plötzlich Bomben legen? Warum bin ich nicht so geworden? Auf diese Weise wird mir klar: Ich bin nicht wirklich besser, auch wenn ich mich besser verhalten habe (oder soll ich bescheidener sagen: ich habe mich »angepaßter« verhalten?). — Wer *so* redet, kann nicht gönnerhaft sagen: »auch« der Terrorist ist ein Mensch. Er wird ehrlich sagen: Der Terrorist ist ein Mensch wie du und ich. Wenn er dann anschließend einen Satz mit »auch« sagt, ist klar: Hier wird einem anderen nicht etwas von oben herab gegönnt; hier wird eine nüchterne Entdeckung weiterbuchstabiert.

Das fasziniert mich an Jesus. Als er in Jericho einzieht und den von allen gehaßten Zöllner auf dem Baum sitzen sieht, ist er nicht so großmütig, bei diesem Manne einzukehren, sondern er sagt: »Ich muß in deinem Hause einkehren«; ich habe etwas nötig, dich nämlich. Daß Zachäus auch ihn nötig hatte, wird bald sichtbar. Aber Jesus läßt kein Verhältnis aufkommen von Gönner und Beschenktem. Er wagt es, autobiografisch zu reden (wie ich das in meinen »Volmarsteiner Rasiertexten« nenne; Bach RT, S. 14), so also, daß seine eigene Person, sein eigenes Leben, seine eigene Biografie mit ins Spiel kommt, wenn es um »den da« geht. Anschließend kann Jesus dann »auch« sagen: »Denn auch er ist Abrahams Sohn.« Aber das ist jetzt nicht eine kühne Beteuerung (und man könnte fragen, ob er nicht den Mund zu voll genommen hat); das ist jetzt vielmehr gedeckt durch einen bestimmten Umgang Jesu mit diesem von der Menge verachteten Menschen (Lk 19,1-10).
Reden wir autobiografisch, wenn wir von Behinderten reden? Oder nehmen wir die Pose ein: Wie gut für sie, daß es uns gibt! Ist uns ehrlich klar: Uns würde ohne sie etwas Wichtiges fehlen; so wie Jesus etwas gefehlt hätte, wäre er von Zachäus nicht aufgenommen worden? Sehe ich den Behinderten und mich als zwei bedürftige Menschen, die sich miteinander nötig haben? Oder bin ich der »Normale«, und der andere ist »auch« ein Mensch? Noch anders: Leben wir gemeinsam in unserer verworrenen Welt, in der wir uns miteinander durchschlagen sollen?
Wenn wir über Menschenbild und Menschenwürde nachdenken, dann sollten im Vordergrund nicht die Quadratmeter stehen, die jedem Menschen zustehen, oder die Mindestsumme an frei verfügbarem Taschengeld. Selbstverständlich sind diese Dinge wichtig, ich will sie nicht herunterspielen. Trotzdem müssen andere Fragen Vorrang haben; denn von unseren Antworten auf diese Fragen hängt es ab, ob sich und wie sich die vorher genannten Dinge bei uns menschenwürdig regeln lassen. Vorrang haben also die Fragen: Stehen wir ehrlich auf der gleichen Stufe? Sagen wir über den Behinderten und über »mich« die gleichen Sätze? Wäre ich mit den Lebensbedingungen zufrieden, die wir für den anderen endlich erreicht haben, und wir meinen, damit hätten wir seine Menschenwürde gesichert (angenommen, ich hätte mit dem anderen zu tauschen, würde ich dann sagen: Mit diesen Lebensumständen ist

auch *meine* Menschenwürde gesichert)? Vielleicht die wichtigste Frage: Rede ich von ihm und von mir in gleicher Weise über Aufgaben und Wichtigkeit? Ich meine folgendes: Wenn mein voller Terminkalender mir zu beweisen scheint, wie wichtig ich bin (aus dem Handgelenk könnte ich ein Referat halten über meine Aufgaben, besonders über meine Aufgaben an den »uns anvertrauten Menschen«), aber die Frage, welche Aufgaben diese Menschen an mir haben, kam mir noch gar nicht, und wenn doch, dann könnte ich sie allenfalls mit einem zögernden Herumstottern beantworten – wenn es so ist, dann stimmt doch etwas nicht. Dann wäre das nämlich ein Zeichen für eine Zwei-Klassen-Menschenwürde; und jede Art von Mehr-Klassen-Menschenwürde ist ein Beweis für den Exitus der Menschenwürde.
Ich sagte es schon: Ich kann die Menschenwürde nicht definieren. Aber das weiß ich: Wenn wir nicht auf der Ebene ehrlicher Solidarität von Menschenwürde sprechen, wenn wir nicht uns selbst mit zum Thema des Nachdenkens machen, dann ist wirkliche Menschenwürde noch gar nicht in den Blick gekommen.

Zu These zwei:

Ich kenne keine Stelle, an der es innerhalb einer theologischen Überlegung wichtiger wäre als an dieser, mutig zu sein; eine tatsächliche Kehrtwendung zu wagen; das Ziel dranzugeben, das auch zu sagen, was alle anderen sagen. Freilich: wir reden ja gern von unserem diakonischen oder kirchlichen »Proprium«, von unserem Besonderen; also sagen wir, was andere sagen, mit anderen Vokabeln (statt von »sozialem Engagement« zu reden, sprechen wir lieber von »christlicher Nächstenliebe« – aber wenn uns jemand nach dem Unterschied fragt, kommen wir leicht ins Schwimmen) und steuern die christliche Motivation bei. Nein, hier muß es darum gehen, Abschied zu nehmen vom üblichen Reden über den Menschen und entschieden das ernst zu nehmen, was unsere alte Bibel sagt. Ich halte in der Tat gerade in den heutigen Diskussionen über Menschenbild und Menschenwürde die Bibel für das aktuellste und spannendste Buch der Weltliteratur.
Wie redet »man« denn vom Menschen? Unmöglich ist natürlich,

jetzt alle anthropologischen Aussagen im Zeitraffer-Tempo vor uns Revue passieren zu lassen. Stattdessen stelle ich die These auf: Unser landläufiges Reden vom Menschen vollzieht sich in der Struktur des bekannten Descartes-Satzes: Ich denke, also bin ich (cogito ergo sum). Da gibt es gewaltige Unterschiede; ich rede von der sich durchhaltenden *Struktur*. Und die sieht so aus: Da wird etwas am Menschen festgestellt; dieses Festgestellte wird als enorm wichtig bezeichnet; als so wichtig, daß man sagt: Wenn *diese* Sache vorhanden ist, dann ist der Betreffende ein Mensch. Nur: Was werden wir sagen, wenn diese wichtige Sache einmal fehlt? Etwa: »Der Mensch hat einen aufrechten Gang« — der Rollstuhlfahrer wäre also höchstens ein halber Mensch? Oder: »Ich denke, also bin ich« — und der schwer Geistigbehinderte? Die kapitalistische Pfandbrief-Werbung (Heinrich Böll nannte sie treffend eine Sozial-Zote) ist zwar wesentlich primitiver, hält aber ebenfalls diese Struktur durch: Hast du was, bist du was. Es geht im Augenblick nicht um »primitiv« oder »geistig hochstehend«, es geht mir darum, daß wir die durchgängige Struktur verstehen. Daher kann ich, ohne unseren großen Dichter zu kränken, sogar Goethe neben die genannte Werbung stellen: »Edel sei der Mensch, hilfreich und gut« — und was wird mit dem, der nicht hilf*reich* sein kann, weil er umfassend, vierundzwanzig Stunden täglich, hilfs*bedürftig* ist? — Wir müssen uns klarmachen, daß auch wir Christen zuweilen in dieser Struktur denken: Von Bultmann bis zum Pietismus (etwas vereinfacht gesagt: vom linken bis zum rechten Flügel des Protestantismus) gibt es das: Der Glaube an Christus, die Entscheidung für den Heiland macht den Menschen erst wirklich zum Menschen — wie wollen wir eigentlich Seelsorger von Eltern eines schwer geistigbehinderten Kindes sein, das sich nie bewußt für Jesus entscheiden kann (weil es vielleicht nicht einmal in der Lage ist, zu entscheiden, ob es jetzt lieber das Wurst- oder das Marmeladenbrot gefüttert bekommen will)? — Auf der ganzen Linie also die gleiche Struktur: Ich bin Mensch, weil *ich* ...! Ich bin Mensch, weil ich denken kann; ich bin Mensch, weil ich Besitzer von Pfandbriefen bin, oder auch: weil ich mich für meinen Heiland entschieden habe.
Biblische Anthropologie setzt völlig anders an: Ich bin gedacht, also bin ich. Schon Psalm 8, Vers 5 (»Was ist der Mensch, daß du seiner gedenkst«) ist nach Hans-Joachim Kraus so zu verstehen: »*das*

Geheimnis und Wunder der menschlichen Existenz« liegt in der *»Gewißheit: er gedenkt meiner; er nimmt sich meiner an«* (Kraus Psalmen Bd. 1, S. 69). — Wir müssen es wagen, die anthropologische Ansage der Rechtfertigungslehre zur Sprache zu bringen: Bei Luther und Calvin haben wir gelernt, daß unsere Gerechtigkeit eine fremde, uns von außen (»extra nos«) zukommende, eine geschenkte Gerechtigkeit ist. Dasselbe gilt von der Lebensbasis: sie ist eine fremde, uns von außen geschenkte Lebensbasis. Also: Ich bin Mensch, weil *Gott* ...! Ich bin wer, weil Gott mich will; ich bin wer, denn er gedenkt meiner. Das Geheimnis und Wunder der menschlichen Existenz liegt nicht in dem, was ich aufzuweisen hätte, in dem, was ich habe oder was ich kann, sondern darin, daß Gott meiner gedenkt, daß er mich seinen Partner sein läßt. — Keineswegs wird hier der Mensch niedergemacht (im Sinne von: was kann ich schon?, ich bin zu nichts nütze). Abgewehrt wird hier allerdings die Behauptung, nur die »Könner« seien wirkliche Menschen. Nicht das Können macht uns zu Menschen, sondern umgekehrt: Weil wir Menschen sind (der Schwächste wie der Stärkste), darf jeder *sein* Können in das Gefüge einbringen: »Dienet einander, ein jeder (!) mit der Gabe, die *er* empfangen hat« (1 Petr 4,10). Da stehen der Chefarzt und der Schwerstbehinderte plötzlich nebeneinander, ebenso der Seelsorger und der Depressive, der gerade bei ihm sitzt, der Bundesminister und das Mitglied aus der Werkstatt für Behinderte. Keiner steht ein kleines Treppchen höher; und keiner hat es nötig, sich zu verkriechen. Denn jeder von uns ist auf seine Weise begabt, und jeder von uns hat den Dienst anderer nötig.

Kurzum: Wer beim Reden über das Menschsein des Menschen vom Menschen ausgeht (von dem, was man bei ihm feststellen kann, von dem, wessen man bei ihm hab-haft werden kann, von seinem »Haben«), redet nur von einem Teil der Menschen, nur von den Stärkeren, den (in irgendeinem Sinne) Besseren, er redet von denen »da oben«, von den »Habenden« (die Habenichtse bleiben wieder einmal außen vor), er redet also asozial. Wer stattdessen danach fragt, was dem Menschen von außen zukommt, was ihm geschenkt ist, was *ihn* »hält« (nicht: was *er* »hält«, was er hat), der kann von allen Menschen in gleicher Hochschätzung sprechen; er redet nicht exklusiv (Mensch ist »nur« der Habende), sondern inklusiv (wir gehören zusammen).

Zu These drei:

Mit meinem letzten Satz (wir gehören zusammen) bin ich schon bei unserer dritten These. Hier möchte ich ausgehen von einem kurzen Brecht-Gedicht (Brecht Gedichte, S. 810):

Der Balken
Sieh den Balken dort am Hang
Aus dem Boden ragend, krumm und, ach
Zu dick, zu dünn, zu kurz, zu lang.
Einstmals freilich war er dick genug
Dünn genug, lang genug, kurz genug
Und trug mit drei anderen ein Dach.

Zwar möchte ich aus Brecht keinen christlichen Texter machen. Daß aber die Aussage dieses Textes der biblischen Anthropologie entspricht, das liegt auf der Hand. Was ist ein einzelner Balken? Gar nichts. Ganz gleich, welche Anforderung ich an ihn stelle, er ist untauglich: zu kurz für die eine Aufgabe, zu lang für die andere. Und doch besteht die Möglichkeit, daß er wichtig ist: dann nämlich, wenn drei andere hinzukommen, wenn vier Balken miteinander ein Dach tragen. – So sollen wir vom Menschen reden; aber wohlgemerkt: von allen Menschen. Hier geht es nicht um eine Sonder-Erkenntnis für die Schwächeren unter uns: Wie arm wären die dran, wenn sie allein wären! Nein, auch der Bundeskanzler macht eine unglaublich komische Figur, wenn das Kabinett nicht da ist, wenn wir ihn uns vorstellen ohne Volk. Einem Robinson könnte man die Insel vergolden, ihm Essensvorräte köstlichster Art, erlesene Weine und reichhaltige Bibliotheken zur Verfügung stellen; solange er allein ist, läßt sich nicht von seiner Menschenwürde reden – bestenfalls wäre er ein reich ausstaffierter »armer Hund«.

»Leib Christi« sagt Paulus. Was wäre das Auge (mag es noch so gut und so schön sein, wie es will) – was wäre es ohne den übrigen Körper? Was wären Hand und Ohr und Fuß ohne die anderen Teile und Organe? Jeder ist Glied am Leibe. Jeder bedeutet überhaupt nur etwas im Zusammenspiel mit anderen. Keiner kann sagen: Ich werde schon allein fertig, ich bedarf dein nicht (1 Kor 12,21). Jedes Glied, jedes Organ kann nur werden, was es ist und was es sein soll, im Zusammenhang mit dem übrigen Körper. – »Bei euch ist einer Professor? Interessant. Hauptsache für ihn, er gehört dazu.« »Was sagst du? Da kann ein Vierzigjähriger nicht bis drei zählen? Hauptsache für ihn, er gehört dazu.« Die Unterschiede zwischen Professor und Debilem, zwischen Olympiasieger und völlig Gelähmtem gibt es; sie sind auch ernst zu nehmen. Aber eins dürfen wir auf keinen Fall zulassen: daß jemand mit diesen Unterschieden eine *anthropologische* Trennlinie zieht und sagt: nur bis »hierher« können wir von »Menschen« reden.

Haben wir, am Maßstab dieses Paulus-Textes gemessen, nicht eine total verkehrte Anthropologie? Tun wir nicht ständig so, als gäbe es (ich rede sofort wieder im Paulus-Bild) eine Schule für Augen, ein Institut für große Zehen, einen Übungsplatz für linke Ellenbogengelenke und so weiter und so fort; und wenn jedes Stück so fleißig sich entwickelt hat, daß es sein Abschluß-Zertifikat bekommt, dann setzen wir das Ganze zu einem Körper zusammen – tun wir nicht so? Jeder weiß, daß sich der Mensch anders entwickelt: Die einzelnen Teile des Körpers wachsen im Mutterleib gleichzeitig miteinander heran. Und Paulus meint offenbar: Versteht die Taufe als euren zweiten Mutterleib: So wie die Körperteile in der Mutter miteinander wuchsen, so kommen wir miteinander her aus der Taufe: da wurden wir »alle zu einem Leibe getauft« (1 Kor 12,13). Wir gehören zusammen. Jeder gehört dazu.

Damit soll der schlimme Nazi-Spruch nicht biblisch restauriert werden: Du bist nichts, dein Volk ist alles. Zugegeben, beide Gedanken sehen ähnlich aus, und in *einem* Punkt sind sie tatsächlich zu vergleichen: Wir haben noch nicht sehr Wichtiges gesagt, wenn wir nur vom einzelnen sprachen. – Der krasse Gegensatz wird sofort sichtbar, wenn wir das Wort »Anspruch« einbringen: Der Nazi-Staat beanspruchte, daß alle sich ihm anpaßten (Gleichschaltung war die Maxime). Wo Anpassung nicht möglich war, flogen die Fetzen. Weil der Jude dem Arier nicht angepaßt werden konnte, wurde er vergast. Weil der Schwerstbehinderte dem Idealtyp »Nordischer Mensch« nicht angepaßt werden konnte, wurde er ausgemerzt. – Bei Paulus findet sich das Gegenteil: Der einzelne hat Anspruch darauf, zugelassen zu sein auch dann, wenn er die anderen belastet: Wenn ein Glied leidet, so leiden alle Glieder mit (1 Kor 12,26). – Ganz knapp: Bei den Nazis ging es um die Norm, die dem

einzelnen Angst macht (wer darf mitspielen, wer wird vom Platz gestellt?). Bei Paulus geht es um den Reichtum der göttlichen Gnade, die jeder einzelne als Einladung verstehen darf (»auf daß mein Haus voll werde«, Lk 14,23).
Das kurze Brecht-Gedicht könnte man eine Illustration jenes Satzes aus dem 1. Petrusbrief nennen, dessen erste Hälfte ich bereits nannte. Nachdem wir dort aufgefordert wurden, uns gegenseitig zu dienen, heißt es nämlich weiter: » ... als die guten Haushalter der mancherlei Gnadengaben Gottes« (1 Petr 4,10). Nicht der einzelne also steht zur Diskussion, ob er auch dünn genug und lang genug ist. Das Gefüge steht zur Diskussion: Wie steht es bei uns mit der Haushalterschaft? Sind wir durch den Individualismus der vorigen Jahrhunderte so nachhaltig ruiniert, daß wir nicht loskommen vom Menschenbild des einzelnen: des Helden, des Hilfreichen, des überlebensfähigen Robinson? Wollen wir der Balken sein, der auch schon ohne die drei anderen für alle möglichen Anforderungen dick genug und dünn genug und lang genug und kurz genug ist? Wenn Paulus »Leib Christi« sagt, dann will er nicht etwas Nettes sagen, was unserer frommen Innerlichkeit schmeichelt; vielmehr gibt er uns damit ein Werkzeug an die Hand, mit dem wir manches soziale und politische Gebäude gründlich umbauen sollten. Geben wir Christen von heute nicht stattdessen oft das Bild ab von Menschen, die den bestehenden Gebäuden mit wetterfester Farbe den Ist-Bestand garantieren helfen?
Damit leite ich über zum zweiten Durchgang: Es scheint mir in den heutigen Diskussionen um das Menschsein des Menschen von ausschlaggebender Wichtigkeit zu sein, daß wir den *Mut finden zum biblisch begründeten Kontra;* daß wir weder mit den Wölfen heulen noch mit den Tauben turteln, sondern daß wir laut und für alle verständlich das »neue Lied« singen, das uns aufgetragen ist.

II.

In diesem Durchgang möchte ich von meinen drei Thesen her die Problematik beleuchten, die seit etwa Mitte 1989 mit dem Namen Peter Singer verbunden ist, also die Frage, ob es legitim sein kann, sehr schwer behinderte Menschen zu töten. Um der Korrektheit willen muß gesagt werden: Diese Problematik gibt es schon länger, sie ist seit der Euthanasie im »Dritten Reich« nie wirklich aufgearbeitet, in unserem Lande weitgehend totgeschwiegen worden, was natürlich nie vollständig gelang. Durch bestimmte Umstände, die hier nicht dargestellt werden müssen, ist es aber faktisch so, daß diese Thematik seit Mitte 1989 auf Tagungen und in den Medien einen bis dahin nicht gekannten Raum einnimmt.

Zur ersten These:

Damit also zur Behauptung eines einheitlichen, das heißt eines *alle* Menschen einschließenden Menschenbildes: Auf einer Tagung, die im Januar 1988, also etwa anderthalb Jahre vor Beginn der Singer-Debatte stattfand (ich meine, damals den Namen »Singer« erstmalig gehört zu haben), wandte sich der Heilpädagoge Urs Haeberlin dagegen, daß wir, wenn wir von schwerstbehinderten Menschen sprechen, plötzlich von »Irrationalität« reden. Wörtlich: »*Es beunruhigt mich, daß wir zum Irrationalismus vordringen müssen, wenn es um Schwerstbehinderte geht, daß wir da sagen, jetzt können wir nicht mehr rational diskutieren!*« (Thimm Aspekte, S. 159). Wenn ich das richtig verstehe, ist damit gefordert eine *solche* Rationalität schon im Nachdenken über »Normal«-Pädagogik, die mit sich selbst identisch bleiben kann, wenn sie sich der »Sonder«-Pädagogik zuwendet (eine Rationalität also, die es nicht nötig hat, bei diesem Thema in ihr eigenes Gegenteil umzuschlagen, also in Irrationalität). Dieses Plädoyer für eine nicht-gespaltene Anthropologie halte ich für enorm wichtig. Denn wenn wir hier auf zwei verschiedenen Wegen denken (Rationalität für den Normal-Menschen, was immer man sich unter ihm vorstellt, Irrationalität für die »schlimmen Fälle«, für die Ausnahmen), dann praktizieren wir eindeutig ein Apartheids-Denken, diesmal nicht im Blick auf Schwarz/Weiß, sondern im Blick auf Behindert/Nichtbehindert. Hierzu »nein« zu sagen, muß für jede biblisch orientierte Anthropologie selbstverständlich sein. — Nur fragt es sich, ob wir auf *diesem* Wege wirklich zu einer umfassenden Anthropologie finden, auf dem Wege also, daß wir uns verbieten, *beim Schwerstbehinderten* irrational zu argumentieren. Können wir uns denn sonst, wenn wir *allgemein*

vom Menschen reden, auf die Rationalität beschränken? Müssen wir nicht im Blick auf uns alle irrational (oder wohl besser: meta-rational) sprechen?
Damit widerspreche ich einer These, die heute mehrfach behauptet wird, wir kämen nur weiter, wenn wir an die Stelle der Intuition (Glaube ...) klare Rationalität setzten. Für Christoph Anstötz etwa stehen unter dem Stichwort »Intuition« (er kann auch »Beschwörung« sagen) plötzlich eng beieinander die Nazi-Ideologie mit dem Satz, es sei doch klar, daß man Schwerstbehinderte von ihrem Leiden erlösen müsse – und eine von biblischer Theologie herkommende Heilpädagogik mit dem Satz, es sei doch klar, daß man Schwerstbehinderte *nicht* umbringen dürfe – beides ist angeblich Intuition; gegen beides soll nun die Rationalität auf den Schild gehoben werden (Anstötz HEB, S. 368).
(Nur eben erwähnen möchte ich, daß ich diese Parallelisierung: Nazi-Euthanasie und biblisch fundierte Heilpädagogik für unredlich halte. Dort ging es um das mit giftiger Propaganda eingelullte sogenannte »gesunde Volksempfinden«: Demagogie richtete sich an die aus dem Bauch kommenden Emotionen; hier aber wird von einer vernommenen Botschaft her ein Bekenntnis zur Würde jedes Menschen gewagt, es wird gewagt, dieses Bekenntnis zuweilen gerade *gegen* die eigenen Emotionen durchzuhalten – wer das beides in einen Topf wirft, setzt uns »Kraut und Rüben« vor.)
Ich finde diese Forderung nach Rationalität – nach Rationalität als Ausgangspunkt für unser Reden vom Menschen – armselig und frage: Ist das, was Anstötz, Singer und andere sagen, nicht zuerst einmal und vor allem eine unglaubliche Beleidigung des Menschen, auch des Nichtbehinderten? Meine Schreibmaschine soll rational funktionieren, nach rationalen Regeln mir gehorchen oder defekt sein; von ihr erwarte ich nicht mehr; eine Schreibmaschine mit irgendwelchen nicht-rationalen (irrationalen, über- oder meta-rationalen) Dimensionen kommt mir nicht ins Haus. Aber ebenso möchte ich sagen: Ein Mensch *ohne* diese Dimensionen kommt mir nicht in den Sinn; das wäre ein jämmerliches Wesen. Meint Herr Anstötz wirklich: das, was ihn liebenswert und wichtig macht, ist alles rational abzuleiten? Ich glaube, er ist viel reicher, als er uns das vorgaukelt.
So halte ich die Anstötz-Alternative schlicht für ein Märchen (Ratio-

nalität gegen »Intuition« oder: »Kritische versus christliche Moralphilosophie«; vgl. Anstötz, Anmerkungen, S. 123). Zu fordern ist nicht die Ablösung der Intuition durch die Rationalität; zu fordern ist, daß alle Positionen zugeben, sich zunächst einmal einer Intuition, einem Bekenntnis, einer Basisnorm (wie immer) zu verdanken. Mein Weiterdenken, meine Folgerungen aus dem »Bekenntnis« müssen dann freilich streng rational (und rational nachprüfbar) sein. Aber ein »Bekenntnis« selbst, ohne das keiner von uns auskommt, ist niemals das (gewissermaßen Jungfrau-geborene) »Kind« purer Rationalität. Und *hier* müßte der Dialog mit Singer, mit Anstötz und den übrigen ansetzen: Tut nicht so, als sei bei euch alles lupenrein rational; zeigt uns vielmehr *eure* vor-rationalen Grundentscheidungen und Vorgaben, *eure* »Bekenntnisse« — die habt auch ihr, davon bin ich überzeugt. Bei Johannes Stolk in seiner Auseinandersetzung mit Christoph Anstötz liest sich das so: *»Anstötz ... plädiert für eine ›undogmatische rationale Diskussion ethischer Fragen — wohin diese auch immer führen mag (!) — ‹ ... Meine Kritik richtet sich nicht gegen das Prinzip der Rationalität, auf das in der Wissenschaft schließlich nicht verzichtet werden kann, sondern gegen die Meinung von Anstötz, eine Diskussion über Leben und Tod könne undogmatisch sein, und es sei gleichgültig, wohin sie letztlich führe, sofern sie argumentativ und rational nachvollziehbar ist.«* (Stolk Frage, S. 129)

Noch ein letztes zu diesem Punkt: Auch wenn es wie Haarspalterei aussieht, mir scheint es wichtig zu sein, schon in den Frage-Stellungen präzise zu sein. Sogleich werde ich auf einen meines Erachtens wichtigen Aufsatz von Ulrich Bleidick hinweisen. Bemängeln muß ich aber an diesem Text, daß da mehrfach von dem Menschenbild die Rede ist, das wir »vom Behinderten« haben. Ist nicht bereits da schon das Unglück passiert: Wir erstellen ein Menschenbild *vom Behinderten*, also ein Sonder-Menschenbild? Wer sich nicht begnügen kann mit *einem* Menschenbild, in dem Nichtbehinderte und Behinderte *gleichen Platz* haben, wer also in der Anthropologie zwei Zonen nötig hat (wie es in Südafrika verschiedene Wohngebiete gibt für Schwarze und für Weiße), der wird weder pädagogisch noch sozial die Integration wirklich sichern können. Die Frage: Wie rede ich vom Behinderten? steht nämlich auf dem gleichen Blatt wie die Frage: wie rede ich von mir? Beide

Fragen sind im Grunde identisch. Wenn die Frage nach dem Menschsein des Behinderten auf einem Extra-Blatt steht, ist sie von vornherein eine separierende, damit eine unanständige Frage, sie wäre asozial — mögen sonst auf dem Blatt noch so deutliche Sätze zur Solidarität zu lesen sein, es könnte sich dabei nur um eine gekittete Nicht-Solidarität handeln. Ich glaube nicht, daß Bleidick es so meint; aber gerade deshalb erhebt sich die Frage: Warum redet er nicht deutlicher von dem einen, alle umfassenden Menschenbild?

Zur zweiten These:

Hier ist die heutige Auseinandersetzung am hitzigsten entbrannt: Was »hat« der Mensch, was muß ein Mensch haben, damit wir ihm Lebensrecht und Menschenwürde zusprechen? Und *dagegen* gefragt: Muß er überhaupt etwas »haben«, oder hat unser Ja zu ihm eine ganz andere Basis?
Ich möchte, wie angekündigt, jetzt auf den Aufsatz von Ulrich Bleidick zu sprechen kommen: »Die Behinderung im Menschenbild und hinderliche Menschenbilder in der Erziehung von Behinderten« (Bleidick BMM), schon wegen der Fülle der in ihm enthaltenen Zitate und klar formulierten Thesen.
Bleidick fordert im Anschluß an Bollnow, auf jedes eigentliche Menschen*bild* zu verzichten: »*Es gehört zur conditio humana, daß der Mensch als frei in seinen Möglichkeiten, als offene Frage verstanden wird: ›Darum muß die Pädagogik die Forderung nach einem zugrundeliegenden Menschenbild als unangemessen zurückweisen ... Nur in der Anerkennung dieser vollen Bildlosigkeit kann sich der Mensch für die unabsehbaren neuen Möglichkeiten seines Lebens offenhalten‹ (Bollnow ...). Somit gilt auch für die Sonderpädagogik das Gebot ›Du sollst Dir kein Bild vom Behinderten machen‹ ...*«.
Stellen wir uns einen Augenblick vor, uns gelänge das: in der Behindertenarbeit grundsätzlich diese »volle Bildlosigkeit« zu praktizieren! Also etwa, wenn wir uns darum bemühen, daß Erwin ein bißchen deutlicher sprechen lernt und diese Bemühungen laufen schon fünf Jahre, dann wirklich loszukommen von den Bildern, von allen Vergleichen. Wie oft sagen wir: Im Grunde hat Gerda doch

die gleiche Behinderung, und die spricht (schon) viel deutlicher. Dieses Bild von Gerda ruiniert unseren Umgang mit Erwin. – Und manchmal ruinieren wir uns selbst durch unsere Bilder: Da kann ein herrlicher Urlaubstag, an dem ich in meinem Elektro-Rollstuhl durch den Wald fahre, plötzlich einen Knacks kriegen, weil mich die alte Erinnerung fasziniert, wie ich vor 40 Jahren, in den Jahren vor meiner Erkrankung, gern durch die Wälder gestrolcht bin – und jetzt geht das »nur noch« im Rollstuhl. Dieses Nur-noch, dieses Herum-Mäkeln am Defizit, verstellt uns den Blick auf unsere positiven Möglichkeiten und Wirklichkeiten.

Und wie sieht die Gegenposition zu Bollnow/Bleidick aus? Das sei belegt mit zwei Zitaten von Tooley, »auf den sich Singer und Anstötz maßgeblich stützen«. »*Ein Organismus besitzt ein gewichtiges Lebensrecht nur, wenn er über einen Begriff des Selbst als eines fortdauernden Subjekts von Erfahrungen und anderen mentalen Zuständen verfügt sowie glaubt, daß er selbst eine solche fortdauernde Entität darstellt*«.

Man kann das sicher auch verständlicher sagen. Gemeint ist: Ein Organismus besitzt ein gewichtiges Lebensrecht nur *dann, wenn* .... Und dieses »dann-wenn« bestimmt Tooley so: wenn ein Mensch sich selbst als ein eigenes Wesen – neben anderen eigenständigen Wesen – entdecken und wenn er sich als ein fortdauerndes Wesen begreifen kann, wenn er also Vergangenheit (mit der Ahnung gewisser Erinnerungen), Zukunft (mit Befürchtungen und Hoffnungen) und Gegenwart (als gelebtes Jetzt) wenigstens anfänglich unterscheiden kann. Diese Grundstrukturen eines denkenden Menschen müssen vorhanden sein; wenn das nicht zutrifft, dann hat dieser Organismus (es heißt jetzt nicht mehr: ›dieser Mensch‹) angeblich kein Lebensrecht. – - Auch ohne weitere Erklärungen, was Tooley mit Nicht-Personen, Quasi-Personen und Personen genauer meint – das folgende Zitat spricht wohl für sich:

»*Wenn menschliche Säuglinge ... (auch) einige Wochen nach der Geburt nur den moralischen Status von Quasipersonen erwerben ..., dann ist Kindestötung eine mögliche Lösung*«.

Eindeutig steht dagegen Bleidicks Aussage: »*Die Frage, ob ... wenig entwicklungsfähige Schwerstbehinderte Personen sind, ist keine meßbare Tatsache, sondern eine Wertsetzung. Aus welchen religiösen, weltanschaulichen oder humanistischen Motiven die Wertzu-*

schreibung erfolgt, bleibt zunächst zweitrangig.« Daß Bleidick also ohne diese Ebene der meta-rationalen Wertsetzung nicht auskommen will, wird besonders deutlich an folgendem Satz: Es gibt »*keine rationalistische Ethik, die Gewissensverpflichtungen der Fürsorge, der Hilfe und des Gebens glaubhaft machen kann, ohne zu metarationalen Basisnormen Zuflucht zu nehmen*«.

Ich frage allerdings: Ist es wirklich »zweitrangig«, woher wir unsere »Wertsetzungen« beziehen? Es mag durchaus sein, daß wir unterschiedliche Quellen haben (die Bleidick-Quelle wird mir nicht sonderlich klar); aber es scheint mir, wenn es um einen klaren und offenen Dialog gehen soll, notwendig, daß jeder deutlich *seine* Quelle benennt. Auch wenn wir in unseren unterschiedlichen Quellen-Angaben keine *einhelligen* Aussagen machen können, sollte jeder für sich in seiner Aussage *eindeutig* sein. Für uns Christen heißt somit die Aufgabe, deutlich erkennbar von dem in der Bibel bezeugten »extra nos« (= außerhalb von uns; von außen auf uns zukommend) auszugehen, also zu sagen: Die wichtigste Aussage über den Menschen ist diese, daß Gott ihn will, ihn bejaht, seiner gedenkt (siehe oben). Es wäre fatal, wollten wir das verschweigen, um nur ja von anderen nicht als antiquiert belächelt zu werden. Wir müssen erkennen, daß unsere Botschaft sozialpolitisch eine enorm wichtige Funktion haben *könnte* — *wenn* wir sie offensiv ins Gespräch einbringen (und unsere Zeit nicht mit der Frage: »Wie stabil ist die Kirche?« und mit anderen narzißtischen Spielen verplempern).

Als Beispiel für eine geradezu mustergültige Aussage-Klarheit möchte ich zwei Sätze zitieren aus der Rheinischen Synodalerklärung (EKiR-Erklärung) »Erklärung zur Zwangssterilisierung, Vernichtung sogenannten lebensunwerten Lebens und medizinischen Versuchen an Menschen unter dem Nationalsozialismus« (die westfälische Landessynode machte sich Herbst 1985 diesen Text zu eigen): »*Wir erkennen, daß dem Menschen seine Würde von Gott beigelegt und darum unantastbar ist, daß sie also nicht in seinen Fähigkeiten und Leistungen begründet ist. ... Wir erkennen, daß Leiden den Menschen nicht erniedrigt und Leistung den Menschen nicht erhöht ...*«. Ich behaupte: Kirchliche und theologische Äußerungen zum Thema würden erheblich an Aussage-Kraft gewinnen, wenn diese Zeilen von uns allen als unaufgebbar anerkannt werden könnten. Es muß nicht jeder Text und jeder Referent wieder neu »bei Adam und Eva« anfangen; auf manche Erkenntnis und Formulierung kann zurückgegriffen werden — auch das scheint mir zu der uns aufgegebenen guten Haushalterschaft (s. o.) zu gehören.

Zur dritten These:

Ich möchte mit einer Zwischenüberlegung zu den Stichwörtern »Integration« und »Segregation« beginnen (nicht allgemein, nur in einer bestimmten Hinsicht). Wir dürfen diese Begriffe nicht einschränken auf unseren Umgang mit schwächeren Menschen, sondern müssen zum Beispiel fragen: Integriere ich im Blick auf mich selbst die Schwachpunkte, die es bei mir gibt, in das Gefüge meiner Person, etwa das Nicht-Können und die Schuld? Habe ich da den Mut zu sagen: Ja das bin ich, auch das bin ich? Wenn ich das alles *nicht* zulassen will, wenn das bei meinem Person-Entwurf ausgeschlossen bleiben muß, dann werde ich nicht fähig sein, schwächere oder schuldbeladene Menschen wirklich in mein Lebensumfeld zu integrieren. These also: Nur wer auch Schwachpunkte in sein eigenes Leben integriert, kann Schwächere integrieren (andernfalls könnte er sie nur notgedrungen hinnehmen, wie er sich widerborstig schließlich auch mit seinen eigenen »Macken« abfindet). Hier bestehen eindeutige Zusammenhänge.

Daher ist es nicht verwunderlich, daß da, wo man anthropologisch vom »Haben« des Menschen ausgeht, wo also das Nicht-Haben vertuscht werden soll, sozial die Schwächeren mindestens potentiell segregiert werden. Da, wo der Mensch als der sozusagen leidfreie Alleskönner zurechtgeträumt wird, haben behinderte und altersverwirrte Menschen nichts zu lachen; denn da sieht sich die Gesellschaft nicht ihren schwächeren Gliedern gegenüber in besonderer Weise verpflichtet (ich erinnere an Paulus: Wenn ein Glied leidet, leiden alle Glieder mit), nein, da wird plump gefragt, ob uns diese Schwächeren nicht zu teuer werden.

Wieder möchte ich ein paar Zitate aus der genannten Bleidick-Arbeit bringen. Zunächst zwei Auszüge aus Texten, die dem Europa-Parlament 1988 vorgelegt wurden; beide wurden weder angenommen noch beschlossen; dennoch sollten wir sie zur Kenntnis nehmen, da sie ein »Lehrstück« darstellen, *»das uns verrät, welches*

Menschenbild in Öffentlichkeit und Wissenschaft vom Behinderten existiert.« Zunächst: »*Wenn die Gene identifiziert worden sind, die mit einem erhöhten Risiko für die gängigen Krankheiten ... in Verbindung stehen, wird sich die Möglichkeit zu Reihenuntersuchungen der Bevölkerung ergeben. In Westeuropa, mit einer Bevölkerung mit zunehmendem Durchschnittsalter und einem damit verbundenen stetigen Kostenanstieg im Gesundheitswesen, sind die Aussichten sowohl auf billigere Tests als auch auf frühzeitiges Eingreifen, wodurch eine Abnahme der Erkrankungshäufigkeit möglich wird, äußerst attraktiv ... Dies wäre der beste Weg, um die Europäer generell davon zu überzeugen, daß die Schaffung eines Europas der Gesundheit ... gelebte Realität ist.*« Ist meine Phantasie zu kurz? Jedenfalls kann ich mir nicht vorstellen, wie ein Politiker, der diese Rosine im Kopf hat (»Schaffung eines Europas der Gesundheit«), für Behinderte, für Kranke, für Alte auch nur einen halbwegs humanen Etat unterstützen könnte. Schwächere Menschen geraten in akute Gefahr, wenn Politiker bestreiten, daß das Defizitäre mit in die Definition des Humanum gehört. — Da in diesen Dingen Ärzte stark gefordert sind, sah ein Gesetzentwurf zur »Verringerung der Zahl anomaler Kinder« »folgendes als Artikel eins vor: ›*Ein Arzt begeht weder ein Verbrechen noch ein Vergehen, wenn er einem Kind von weniger als drei Tagen die zum Überleben notwendige Pflege verweigert, wenn dieses Kind ein unheilbares Gebrechen aufweist, derart, daß man voraussehen kann, daß es niemals ein lebenswertes Leben führen können wird.*‹«

Wer Kontakt hat zu Eltern schwerstbehinderter Kinder, die jetzt vielleicht zehn Jahre alt sind, und noch im Ohr hat, wie diese Eltern erzählen: »nach der Entbindung hat ein Arzt zu uns gesagt: ›da wird nichts draus, machen Sie rasch ein neues‹« (und trotzig weisen sie nach, *was* »daraus geworden« ist), der wird das Grauenhafte einer solchen Vorlage ermessen können: Wie soll denn ein Arzt entscheiden können, ob dieses Kind jemals ein lebenswertes Leben führen können wird oder nicht — welche Maßstäbe hat er? Gibt es — für diese Frage, bei der es um Leben und Tod geht — überhaupt Maßstäbe? Und weiter: Ist das überhaupt eine Frage an den Arzt in einer konkreten Entscheidungs-Situation (und damit ein Fragen nach dem Individuum)? Ist es nicht stärker eine Frage an die Gemeinschaft? Es gibt schwerstbehinderte Kinder, die zu Hause so eindeutig als geliebtes und wichtiges Familien-Glied geachtet sind, daß niemand sagen wird: Ihr Leben ist nicht wert, gelebt zu werden. Es gab kerngesunde und zudem hochbegabte Kinder, die im KZ wie Ungeziefer vertilgt wurden. Wer wagt da zu sagen: Das war dennoch ein lebenswertes Leben? Wer die Frage nach dem Lebenswert als eine individuelle Frage diskutiert, ist so naiv, wie es in unserer enger gewordenen Welt eigentlich gesetzlich verboten werden müßte.

Aber *wenn* so gefragt wird, braucht sich niemand zu wundern, daß in wissenschaftlichen Arbeiten entsprechende Rechnungen angestellt werden. Wieder nach Bleidick: »*In absoluten Zahlen ständen Aufwendungen für die Pflege der Kinder von jährlich rund 61,6 Millionen Aufwendungen für ihre Prävention in Höhe von rund 13,5 Millionen gegenüber. Dies würde bei einer Kosten-Nutzen-Relation von 0,25 jährlich eine Einsparung von rund 48 Millionen bedeuten*« (Passarge/Rüdiger 1979; laut »Diakonie im Rheinland«, 2/1990, S.16, erhielten Eberhard Passarge und Hugo Rüdiger für diese Arbeit 1977 den »Hufelandpreis für ›Verdienste um die vorbeugende Gesundheitspflege‹«.) — Noch etwas: Nach meinen Wörterbüchern meint »Prävention« Verhütung von Krankheiten oder Abschreckung künftiger Verbrecher; wenn »Pflege der Kinder« und »*ihre* Prävention« gegenübergestellt werden, geht es um die Prävention von Kindern! Es ist eben nicht jeder Weiterschritt auch schon ein Fortschritt.

Die Zusammenhänge sind nicht zu übersehen: Von den Wissenschaften wird die Schaffung eines »Europas der Gesundheit« erwartet; Krankheit und Behinderung gehören nicht in unseren anthropologischen Entwurf; und daher gehören Kranke und Behinderte nicht in unser soziales Konzept: sie müssen, wenn möglich, rechtzeitig verhindert oder gar beseitigt werden, sonst wird uns die Sache zu teuer. Hier rächt sich, daß wir die Nazi-Euthanasie in keiner Weise aufgearbeitet haben. Bleidick schreibt: »*In der Nachkriegszeit (ist) die Auseinandersetzung mit der Vergangenheit eher folgerichtig unterblieben. Sie wurde keineswegs bloß versäumt; ihre Verdrängung stellt einen Abwehrmechanismus dar, den zu überwinden wir uns hätten eingestehen müssen, daß die Versuchung zur Endlösung der sozialen Frage, die Befreiung der Gesellschaft von Leiden und Behindertsein in uns allen steckt.*«

Oben hatte ich behauptet, wir müßten das Nicht-Können und die Schuld in unseren Person-Entwurf integrieren. Seither aber sprach ich nur von Nicht-Können (beziehungsweise Schwäche und Krankheit) und zeigte auf, wie Individuelles und Sozial-Politisches miteinander verwoben sind. Ganz Ähnliches gilt aber auch bei der Schuld-Frage. Wenn ich das Schuldig-Werden nicht bei mir selbst integriere, wenn ich für mich selbst dem Ideal des Engels nachjage, werde ich großen Wert darauf legen müssen, daß wir im sozialen Gefüge alles richtig machen. Und das führt zu einem schrecklichen Krampf, dem wir heute auf Schritt und Tritt begegnen, etwa bei der Diskussion um den Paragraphen 218. Fast jeder tritt in der Pose auf, den »richtigen« Entwurf zu haben, den Weg weisen zu können, auf dem wir nicht schuldig werden. Die Dinge (§ 218, Gen-Forschung, Amniozentese, Sterbehilfe und anderes sehe ich bei dieser Fragestellung einmal als einen großen Zusammenhang) – die Dinge sind heute so kompliziert, daß wir zugeben müssen: Schuldig werden wir in jedem Falle. Und ich halte es wiederum für eine politisch ungemein wichtige Aufgabe der Kirche, heute von Schuld und Vergebung zu sprechen; vielleicht nicht immer so salopp, aber in der Grundaussage so, wie ich es gern formuliere: Christen sind keine Engel; vielmehr sind Christen die einzigen, die es sich leisten können, keine Engel zu sein.

Nicht-salopp liest sich das so (ich zitiere aus einem Aufsatz von Hans Grewel): »*Die Solidarität mit dem uns angewiesenen Mitmenschen ..., die wir dem Vermächtnis Jesu entnehmen, läßt es uns – als äußersten Grenzfall – sogar verstehen, daß ein Mensch um eines geliebten Menschen willen, in einer Situation, die beide trotz allen Bemühens und über einen längeren Zeitraum als ausweglos erfahren, schwere Schuld auf sich zu laden bereit ist (z. B. durch Beihilfe zur Selbsttötung des anderen). Allein in der Anerkennung seiner Schuld am Tod des geliebten Menschen kann sich solches Handeln als verantwortlich erweisen, kann auch im Einzelfall der ›Täter‹ von der für solche Tötungshandlungen vorgesehenen Strafe entlastet werden.*« (Grewel Kommentar, S. 20).

Ich finde es ausgesprochen spannend, daß im Bereich der Heilpädagogik diese Sicht vorhanden ist: Wir brauchen und wir finden keine »glatte Lösung« für sämtliche Fälle; der Einzelfall fordert unsere gesamte Konzentration. Was dann *allgemein* gesagt werden kann, steht auf einem anderen Blatt. Noch einmal Ulrich Bleidick:

»Beschlüsse, Appelle, Verpflichtungen, die eine absolute Anerkenntnis behinderten Lebens propagieren, sind insofern wertlos, weil sie das bestehende existentielle Problem zudecken und dem Mißverhältnis zwischen allgemeinen (abstrakten) Postulaten und konkretem Leidensdruck nicht aufhelfen.«

Unser heutiges »Trainings-Programm« müßte nach alledem wohl so aussehen: Nicht nur unsere »Klienten«, die wir dazu seit jeher anleiten, müssen lernen, mutig die folgenden Sätze zu sagen, sondern auch die Mitarbeiter und Leiter in Diakonie und Caritas, ebenso die Bischöfe und Professoren, desgleichen alle politisch Verantwortlichen: Ich kann das nicht, und: Ich weiß das nicht. Und das heißt dann: Ich kenne keine glatte Lösung; ich weiß keinen Weg, auf dem wir *nicht* schuldig würden. Damit aber ist gesagt: Ein ehrliches soziales Tun wird sich begreifen müssen als ein behindertes soziales Tun, als ein Tun, in dem keiner der große Könner ist, in dem vielmehr jeder seine eigene Schwäche und sein Versagen sieht, in dem jeder auf das Mittragen anderer angewiesen bleibt.

Noch einmal also: Kommen die drei übrigen »Balken« immer schon für sich zurecht, und nur der vierte, der als zu kurz, zu lang, zu dick, zu dünn aus dem Boden ragt, der hätte die Gruppe nötig? Oder reden wir so vom Menschen, daß klar wird: »Boden unter den Füßen hat keiner« (Franz Rosenzweig, 1920 in einem Brief)? Wir alle sind angewiesen darauf, daß Gott uns erträgt und daß andere Menschen uns ebenfalls tragen; erst als Getragene gewinnen wir die Kraft, unsererseits auch andere zu tragen. — Paulus und Brecht — diese beiden sollte der nicht vergessen, der in den heutigen Diskussionen nicht untergehen will.

In einer Ansprache auf dem Wittekindshof sagte im Februar 1990 Bundespräsident Richard von Weizsäcker: »*Wie wir behinderte Menschen ansehen, sagt viel darüber aus, wie wir uns selbst anschauen. Es ist nicht allein die Würde des anderen, die wir verletzen, wenn wir ihn gering schätzen oder ablehnen, sondern es ist auch unsere eigene Würde, die wir auf's Spiel setzen durch solches Verhalten. Es ist unsere eigene Würde, die reift, indem wir uns öffnen und lernen von dem, dem die Gesundheit nur eingeschränkt elementare Lebenserfahrung sein kann.*«

Können und dürfen wir uns beteiligen an der Diskussion über sogenanntes »lebensunwertes Leben«?

Dokumentation eines Gesprächs-Versuchs

Text A: Einführung

»Die Tötung eines behinderten Säuglings ist nicht moralisch gleichbedeutend mit der Tötung einer Person. Sehr oft ist sie überhaupt kein Unrecht« (Peter Singer, Praktische Ethik, 1984, S. 188). Diese und ähnliche Thesen werden, besonders seit 1989, in der Bundesrepublik Deutschland heute wieder diskutiert. *Dürfen* sie überhaupt diskutiert werden? Begibt sich nicht jeder, der sich hier auf ein Gespräch einläßt, auf eine schiefe Ebene, auf der es bald kein Halten mehr geben wird? Im folgenden dokumentiere ich den *Versuch*, mit einem der bekanntesten deutschen Verfechter der Peter-Singer-Thesen, mit Professor Christoph Anstötz (Fachbereich Sonderpädagogik, Universität Dortmund), ein klärendes Gespräch zu führen.

Es begann in der »Denkstube Diakonie«. So nennt sich ein kleiner Kreis von Theologen, die im Bereich der Diakonie tätig sind. Wir treffen uns jährlich zweimal in der Evangelischen Akademie Iserlohn. Hier nehmen wir uns jeweils einen ganzen Tag Zeit, um uns bedrängende Fragen zu erörtern, für die das »Alltagsgeschäft« zu wenig Zeit läßt. Reihum bereiten wir die Thematik vor, oder wir bitten einen Gastreferenten zu uns.

Als die Nötigung entstand, zur Peter-Singer-Debatte Position zu beziehen, beeindruckte uns zwar das schroffe »Nein« mancher Kollegen zu jeder offenen Gesprächs-Aufnahme; doch kamen wir zu dem Entschluß, wenigstens einen *Versuch* zu unternehmen. Herr Anstötz sagte rasch zu, und ich wurde gebeten, nach seiner ersten Einführung eine Position vorzutragen, die sowohl unsere grundsätzlichen Bedenken klar benennt als auch eine Frage herausarbeitet, an der

dann weitergearbeitet werden sollte (Oktober 1991). (Vgl. Text B.)
Einerseits bedaure ich die Tatsache, daß ich selbstverständlich nur dazu berechtigt bin, hier meine eigenen Äußerungen zu veröffentlichen; durch die Veröffentlichung auch der mündlichen und schriftlichen Äußerungen der anderen Teilnehmer (besonders der Äußerungen von Chr. Anstötz) würde das Bild natürlich reichhaltiger. Andererseits wird aber auf diese Weise vielleicht besonders deutlich, *was* wir versucht haben, *daß* unser Versuch scheiterte, und *an welcher Stelle* es zum Abbruch des Gesprächs kam. – Über das Treffen in der »Denkstube Diakonie« hier nur so viel: Der recht schroffe Kontrovers-Kurs meines Textes prägte nicht das gesamte Treffen. Wir alle bemühten uns in der Aussprache um ein höfliches Abtasten und vorsichtiges Herausstellen sichtbar gewordener Gegensätze. Wir fanden so keine Möglichkeit, unseren Gast zu nötigen, sich eindeutig etwa zu der von mir (s. u.) dargelegten Alternative zu äußern. – Danach kam es zu keinem weiteren Treffen mit Herrn Anstötz mehr, vielmehr bemühten er und ich uns, brieflich und telephonisch das Gespräch weiterzuführen. So bekam ich recht bald nach dem Iserlohner Treffen einen freundlichkritischen Brief von Herrn Anstötz, zu dessen eigentlicher Beantwortung ich aber erst Monate später kam, März 1992. Da aber war ich inzwischen auf einen älteren Anstötz-Text gestoßen, der mich insofern völlig ratlos machte, als sich die Möglichkeit auftat, alles, was Chr. Anstötz in seinem Buch sagt, sei mehr oder weniger eine geistige Fingerübung, eine Art Ethik-Grammatik, die zu den Problemen unseres Alltags allenfalls in einem sehr indirekten Zusammenhang steht. (Vgl. Text C.)
Kann es aber nicht kränkend wirken, einem deutschen Professor eine entsprechende Frage zu stellen? Ich war nicht nur gespannt, ich war auch ein wenig unruhig im Blick auf die mögliche Reaktion von Chr. Anstötz. Erfreut und überrascht war ich, als er, noch im März, ausführlich anrief. Die Inhalte unseres Gesprächs fand ich allerdings so auffällig, daß ich über dieses Telephonat eine ausführliche Notiz anfertigte, die ich selbstverständlich auch ihm vorlegte. (Vgl. Text D.)
Konnte das Gespräch jetzt noch weitergehen? Ich kam zu einem eindeutigen »Nein« und teilte das Herrn Anstötz in einem »Abschiedsbrief« mit (vgl. Text E). Daß er mir auch danach noch einmal ein paar freundliche Zeilen schrieb, mag zeigen, daß unsere

Kontroverse bei allem Nicht-Zusammenfinden in den Sachfragen dennoch kein Streit zwischen zwei Feinden war. (Ich gebe zu: *Das* hätten wir gewiß auch rascher herausfinden können.)

Text B: Referat bei der »Denkstube Diakonie«

Iserlohn, Evgl. Akademie, 3. Okt. 1991: Gespräch mit Prof. Dr. Chr. Anstötz

M.E. ist es wichtig, daß wir uns heute bewußt auf *grundsätzliche* Fragen beschränken. Ich nenne ein paar und bin mir dessen bewußt, daß es gewiß hier und da Überschneidungen gibt.

1. Eher eine Vorbemerkung:

Anstötz kritisiert, daß die Kritik an Singer und an ihm zuweilen sehr grob ist, daß die Grenzen einer seriösen Auseinandersetzung mitunter überschritten werden. Das mag zutreffen; nur wundert es mich, daß ihn das wundert. Ich habe es selber erlebt, wie bei meiner Lektüre mehrerer Anstötz-Texte Zorn (gelegentlich wohl auch Wut) in mir wach wurde. Wenn er etwa in einem Aufsatz von 1988 (Anstötz HEB) seine eigene Position eine rationale nennt, die Gegenposition aber mit den Wörtern »Zuneigungen« und »Abneigungen«, »Intuition« (S. 368) und »Gefühlsdramaturgie« (S. 372) belegt; wenn er behauptet, hier liege eine »Rechtfertigung aus dem ›gesunden Volksempfinden‹« vor und dann die Parallele dazu zieht, daß das gesunde Volksempfinden im »3. Reich« zu schlimmen Erfahrungen geführt hat (S. 368), dann möchte ich diesen Stil nicht unbedingt kritisieren, sondern nur dafür plädieren, daß wir uns gegenseitig (auch das gehört gewiß zum »Gleichheitsprinzip«) das Recht auf einen einheitlichen Umgangston gönnen: Wer so austeilt wie Anstötz (vgl. auch Anstötz Anmerkungen, S. 126: »Die Stärke von Stolks Beitrag liegt ... in seiner sicheren Handhabung theatralisch-propagandistischer Mittel«), der sollte seine Gesprächspartner nicht dafür kritisieren, daß sie ihn nicht mit Glacéhandschuhen anfassen. – Ob hierüber zu debattieren ist, weiß ich nicht. Vielleicht sollten wir auf Schuldzuweisungen verzichten und es dabei belassen: Das Klima der Auseinandersetzung ist enorm belastet; um so positiver sollten wir es bewerten, daß wir uns heute zu einem ausführlichen Gespräch treffen.

2.

Grundsätzlich stehen sich zwei Ausgangspunkte gegenüber:
a) Jedes Glied der Gattung Homo sapiens hat grundsätzlich uneingeschränktes Recht auf Leben; die Frage, ob dieses Recht (etwa durch schwere Verbrechen) verwirkt werden kann, steht auf einem anderen Blatt.

b) Jedes Glied der Gattung Homo sapiens hat in den ersten Lebenstagen oder -wochen grundsätzlich *kein* Recht auf Leben; dieses muß erst durch die Erfüllung bestimmter »Bedingungen« nachgewiesen werden.

Ich behaupte:
c) Beide Ausgangspunkte sind in gleicher Weise rational nicht mehr ableitbar. Hier stehen nicht Glaube und Ratio einander gegenüber (vgl. Anstötz Anmerkungen, S. 123: »Kritische versus christliche Moralphilosophie«), vielmehr steht hier Bekenntnis gegen Bekenntnis (statt »Bekenntnis« kann man auch mit Bleidick »Basisnorm« sagen oder andere Ausdrücke wählen, etwa »Grundentscheidungen«, Anstötz EB, S. 25).

Ich stimme also den beiden folgenden Zitaten zu:
- »Meine Kritik richtet sich nicht gegen das Prinzip der Rationalität ... , sondern gegen die Meinung von Anstötz, eine Diskussion über Leben und Tod könne undogmatisch sein, und es sei gleichgültig, wohin sie letztendlich führe, sofern sie argumentativ und rational nachvollziehbar ist« (Stolk Frage, S. 129). (Anstötz hatte, Anstötz Anmerkungen, S. 124, geschrieben: »Der Methodologie einer undogmatischen rationalen Diskussion ethischer Fragen – wohin diese auch immer führen mag (!) – steht die Methodologie einer dogmatischen, suggestiven Präsentation gegenüber« – das »(!)« setzte Anstötz.)

- »Die Frage, ob Embryonen oder wenig entwicklungsfähige Schwerstbehinderte Personen sind, ist keine meßbare Tatsache, sondern eine Wertsetzung. Aus welchen religiösen, weltanschaulichen oder humanistischen Motiven die Wertzuschreibung erfolgt, bleibt zunächst zweitrangig« (Bleidick BMM, S. 525).

d) Wenn Anstötz die Position »a« Suggestion nennt, »b« aber rational, dann fällt er damit hinter einen mühsam gewonnenen Diskussions-Standard zurück, der in einer ähnlichen Fragestellung sich längst durchgesetzt hat. Ich denke an die Auseinandersetzung zwischen Christentum und Atheismus. Jahrzehnte konnte es zu keinem Dialog kommen, weil sich die Positionen ständig gegenseitig diffamierten: Solange Christen in der Alternative dachten »Wahrheit und Lüge«, »Gottes Stimme und Satans Stimme«, konnten sie Atheisten als Gesprächspartner nicht ernst nehmen; solange Atheisten in Christen die Spinner sahen oder auch Leute, die durch einen religiösen Überbau wider besseres Wissen gegenwärtige Herrschaftsverhältnisse stabilisieren wollten, konnte auch von ihrer Seite aus kein Dialog in Gang kommen. Das war erst möglich, als man wechselseitig zugab: beide Seiten vertreten denkbare Positionen; beide Positionen basieren auf einer weder rational beweisbaren noch empirisch nachweisbaren Grundannahme. — Wer heute in der Frage nach dem Lebensrecht des Menschen einen langwierigen absurden Streit vermeiden will, der sollte klar sagen, daß seine eigene Position und die des Gegners beide rational möglich sind, und daß beide ohne vor-rationale Vorgaben nicht auskommen. Ohne solche Absprache scheint mir ein Dialog undenkbar zu sein.

3.

Unsere Welt ist an vielen Stellen (und eine Stelle ist auch die Frage nach der ärztlichen Pflicht im Falle eines mit schwersten Behinderungen geborenen Kindes) so kompliziert geworden, daß die Alternative »richtig / falsch« (»gut / böse«) nicht mehr weiterhelfen kann. Ohne jetzt die einzelnen Thesen von Peter Singer diskutieren zu wollen, ohne zu untersuchen, welche Kinder im folgenden Zitat mit »solche Kinder« gemeint sind — wenn er fähig ist zu formulieren: »daß es richtig ist, solche Kinder zu töten« (Singer PE, S. 181; zit. bei Anstötz EB, S. 118), zeigt er damit, daß er unfähig ist, in solchen Fragestellungen eine wirkliche Hilfe anzubieten. Weiterhelfen können nur Gedankengänge, die auch da (oder gerade da) greifen können, wo jeder Betroffene erlebt: Aus dieser Situation gibt es überhaupt kein Entkommen, bei dem unsere »Weste« weiß bleibt.

Ich denke da an zwei Positionen:
a) Als in Bethel vor Jahren die Frage anstand, ob die Amniozentese (eine vorgeburtliche Untersuchung) eingeführt werden solle, sagte der dortige Anstaltsleiter schon, bevor die Entscheidung gefallen war: Schuldig werden wir so und so. Dietrich Bonhoeffer spricht in seiner Ethik von Schuldübernahme. — Frage: Sind die Begriffe »Schuld«, »Gewissenskonflikt«, »Verantwortung«, »Vergebung« nur christliche Begriffe (falls ja, bleiben diese Begriffe noch immer wichtig im Alltag unserer Welt; aber wir müßten uns dann klarmachen, daß man das denen kaum klarmachen kann, die im Vorurteil leben, alles Christliche gehöre über Bord geworfen; ein Blick allerdings auf die griechischen Tragödien, die nun wirklich nicht unter christlichem Einfluß entstanden sind, legt eher ein »nein« nahe)?

b) Im suhrkamp-taschenbuch 212 (J. Goldstein, A. Freud. A.J. Solnit, Jenseits des Kindeswohls, 1974) wird argumentiert: Viele Situationen, die wir zu entscheiden haben (Freigabe zur Adoption, Heimunterbringung u. a.), sind so verworren, daß es uns nicht möglich ist, das für das Kind Richtige (das »Kindeswohl«) zu erreichen. Wir müssen uns von dem »Ziel, Gutes zu tun,« verabschieden und das »bescheidenere Ziel« anstreben, »Schädigungen gering zu halten« (S. 55). Wir haben nur die Wahl zwischen schädlichen Alternativen; unsere Aufgabe ist es, die »am wenigsten schädliche Alternative« herauszufinden (S. 49).
Der Grenzsituation (auch dieses ist bekanntlich kein nur christlicher Begriff) wird ausgewichen, wenn gesagt wird, ein schwerstbehindertes Kind ist kein Mensch; es kann dann (ohne daß wir schuldig werden, ohne daß unser Tun »schädlich« ist) getötet werden wie eine lahmende Katze. Solche glatten Sätze passen nur in glatte Situationen.

Exkurs über den in diesem Zusammenhang wohl am häufigsten zitierten Singer-Satz: »Die Tötung eines behinderten Säuglings ist nicht moralisch gleichbedeutend mit der Tötung einer Person. Sehr oft ist sie überhaupt kein Unrecht« (Singer PE, S. 188) und über die Behauptung von Anstötz, dieser Satz werde enorm häufig dadurch entstellt, daß er ohne seinen weiteren Kontext zitiert wird.
Man darf es schon eine Fleißarbeit nennen, was Anstötz (in: Anstötz RuP, S. 287-299) zusammenträgt: welche Autoren diesen Satz aus seinem Kontext herausgerissen haben, und in welchem Falle das Übergehen welchen Kontext-Stückes besonders gravierend sich auswirkte. Allerdings halte ich diese Fleißarbeit insofern für einen Schlag ins Wasser, als der Kontext diesen Satz allenfalls relativieren, aber nicht streichen kann. Das Faktum also, daß nach Singer in sehr konkreten Fällen die Tötung eines Säuglings »überhaupt kein Unrecht« ist, bleibt bestehen. Und *dieses Faktum* löst bei mir Grauen aus. Weil das Verdikt »Gefühlsdramaturgie«, da wo von der Grenze zwischen Leben und Tod die Rede ist, mich nicht schrecken kann (wer über diese Problematik redet, ohne nach seinen eigenen Gefühlen und denen seiner Mitmenschen zu fragen, redet unmenschlich — und auch kritischer Rationalismus *muß* ja nicht unmenschlich sein), darum sage ich folgendes: Wenn ich an die Möglichkeit denke, daß meine Enkel als Säuglinge schwer geschädigt sein könnten, oder an die Möglichkeit, daß das Leben meiner Frau oder mein Leben in absehbarer Zeit von der Entscheidung einzelner Ärzte abhängig ist, dann graut mir vor Ärzten, deren »Ethik« ihnen auch in extremen Situationen erlaubt zu behaupten, »überhaupt kein Unrecht« zu tun. Wenn ich dagegen fordere, daß der Arzt in solchen Lagen zugibt: ›Ich habe nur die Wahl zwischen schädlichen Alternativen; ich hoffe, mich für die am wenigsten schädliche zu entscheiden; ich weiß, daß ich hier schuldig werden muß, aber ich weiß auch, daß ich verantwortlich nur »so« entscheiden kann‹ — wenn ich das fordere, dann fordere ich damit nicht die Unterwerfung unter ein repressives Dogma, sondern nur das Vorhandensein menschlichen Anstands.
Kurz anmerken möchte ich noch, daß die genannte Fleißarbeit nicht nur ein Schlag ins Wasser ist, sondern auch ein Kampf gegen Windmühlenflügel: Anstötz nimmt seinen Lehrer an einer Stelle in Schutz, an der dieser gar nicht verteidigt sein möchte. Der unmittel-

bare Zusammenhang (es handelt sich um die Schlußzeilen eines 10-Seiten-Kapitels mit der Überschrift: »Euthanasie bei mißgebildeten Säuglingen«, a. a. O., S. 179-188) lautet: »*Das Euthanasieproblem im Hinblick auf behinderte Neugeborene ist also recht kompliziert, und wir können es hier nicht ausdiskutieren. Der Kern der Sache ist freilich klar: die Tötung eines behinderten Säuglings ist nicht moralisch gleichbedeutend mit der Tötung einer Person. Sehr oft ist sie überhaupt kein Unrecht.*« Singer fordert hier also geradezu dazu auf, die ›recht komplizierten‹ Einzelfragen einmal beiseite zu lassen, und — am Ende des Kapitels — noch einmal seine »Kern«-These zur Kenntnis zu nehmen. Die letzten zwei Zeilen *dürfen* also (im Sinne des Meisters) zitiert werden, *ohne* daß jeder Zitierende sie relativieren müßte durch Referate über die voranstehenden 10 Seiten.

4.

Was eigentlich heißt »Praktische Ethik«? Da jede Ethik auf Praxis zielt (oder auch: in ihren Fragestellungen aus der Praxis erwächst), könnte man *jede* Ethik »Praktische Ethik« nennen. Bei Singer meint es gewiß mehr, aber was? Ich möchte hier eine, theoretisch mögliche, Interpretation nennen, von der ich ehrlich hoffe, daß sie falsch ist. Ich nenne sie deshalb, weil ich keine Argumente habe, diese (schlimme) Interpretation zu widerlegen. Mag sein, ich lerne heute solche Argumente. Hier also die (mögliche, aber vermutlich falsche) Interpretation: Praktische Ethik ist eine Ethik, die der Praxis vernünftiger Menschen in keiner Weise kritisch gegenübersteht, sondern diese Praxis legitimiert (rechtfertigt); dann ginge es also nicht um die *Frage, welches* Tun aus welchen Gründen richtig (bzw. falsch) ist, sondern um den *Nachweis, daß* das Tun in unserer Gesellschaft (wohlgemerkt: soweit es von vernünftigen, einsichtigen Menschen vollzogen wird) richtig ist. — Warum wäre diese Interpretation schlimm? Ich sähe keine Möglichkeit zu verhindern, daß diese »Ethik« zum Argumentations-Lieferanten der jeweiligen Gesellschaft würde; es wäre ein unfreie, angepaßte Ethik (wie wir sie aus totalitären Systemen kennen — noch einmal: ich will das wirklich nicht unterstellen; ich will nur hören, warum diese mögliche Unterstellung nicht zutrifft).

5.

Da alle ethischen Entwürfe (der von Anstötz vorgestellte ebenso wie die von ihm schroff kritisierten) herkommen von vor-rationalen Festlegungen (vgl. »2.c«), wird die Frage wichtig: Gibt es die Möglichkeit, einen ethischen Entwurf (der also besteht aus vor-rationalen Festlegungen und rationalen Denkschritten) insgesamt (also *einschließlich* seiner nicht-rationalen Vorgaben) rational zu kritisieren? Hierzu versuche ich die These: Positiv ist das kaum möglich; möglich sind jedoch negative Argumente, skeptische Hinweise. In der Überzeugung, daß Skepsis ein unabdingbares Element jedes kritischen Rationalismus ist, in der weiteren Überzeugung, daß bei den heute anstehenden Fragen Skepsis in besonderer Weise vonnöten ist (vgl. Hans Jonas: »Da nicht weniger als die Natur des Menschen in den Machtbereich menschlicher Eingriffe gerät, wird Vorsicht zum ersten sittlichen Gebot«, zit.: Westfalen Lesebuch, S. 83), nenne ich vier Punkte, die mich im Blick auf das Anstötz-Buch sehr skeptisch machen:

a) Eine Sozialpolitik, die sich, was den Schwerstbehindertenbereich angeht, auf die Anstötz-Thesen stützt, wird zweifellos kostengünstiger arbeiten können. Was Anstötz schreibt, könnte darum in der heute finanziell angespannten Lage das Herz jedes unkritischen Sozialpolitikers höher schlagen lassen. (Diese Nähe weckt meine Skepsis. Diese Nähe unterstreicht noch einmal meine in »4.« genannte Frage.)

b) Auch in anderer Hinsicht paßt Anstötz in die politische Landschaft: Er plädiert für eine Praxis, die der Euthanasie-Praxis des »Dritten Reiches« nahekommt (was mich verblüffte: Peter Singer, PE, S. 210, gibt diese Nähe unumwunden zu: »*Die Nazis haben fürchterliche Verbrechen begangen; aber das bedeutet nicht, daß* **alles,** *was die Nazis taten, fürchterlich war. Wir können die Euthanasie nicht nur deshalb verdammen, weil die Nazis sie durchgeführt haben, ebensowenig (!!) wie wir den Bau von neuen Straßen aus diesem Grund verdammen können*«), setzt sich aber gleichzeitig kritisch ab von dem, was damals geschah. Ich betone, daß ich Anstötz keinerlei bewußte Nazi-Nähe unterstelle; er mag so naiv sein, daß er diese Dinge nicht berücksichtigt. Eindeutig aber scheint zu sein: Was er schreibt, paßt ausgezeichnet in eine politische Situation in der Bundesrepublik hinein, die sich einerseits klar wieder stärker nach »rechts« hin orientiert, die aber andererseits jede Parallelisierung mit dem Nazi-Reich als boshafte Unterstellung schärfstens von sich weist.

c) Ich zitiere Udo Sierck, Das Risiko, nichtbehinderte Eltern zu haben, München 1989, S. 94: »Ziel der Ethikdebatte ist es, die herrschende Moral den neuen technologischen Entwicklungen anzupassen, sie (die Moral; U.B.) so zu definieren, daß die Möglichkeiten der neuen Technologien vertretbar und erwünscht erscheinen − seien sie auch menschenverachtend und menschenvernichtend.« Auch hier kann ich nicht behaupten, daß diese These richtig ist, daß die Ethikdebatte also wirklich dieses »Ziel« hat (damit wäre gesagt, die Nähe sei eine bewußte, eine gesuchte Nähe); vielmehr formuliere ich meine Skepsis: Wenn heutzutage die Gentechnologie sich zu einem bedeutenden Wirtschaftszweig mausert, wenn ihr allerdings ständig zu schaffen machen mancherlei philosophische, theologische, moralische Bedenken, dann kommt ein Autor natürlich »wie gerufen«, der die »Ablehnung jeder Autorität und jeden Dogmas« (Anstötz EB, S. 26) für unsere rationale Argumentation fordert − ist das alles nur ein zufälliges Zusammentreffen, oder könnte die Rationalität unseres Autors (in ihren vor-rationalen »Grundentscheidungen«, die er, wenn ich die Seiten 25-27 seines Buches richtig verstehe, doch offenbar auch für seine Position einräumt) vielleicht deutlicher gelenkt sein, als es ihm selber bewußt wurde?

d) Der wahrscheinlich wichtigste Punkt: Anstötz kommt *mir* sehr entgegen. Ich bin ein Mensch, der manche (spontane) Begegnung mit schwerstbehinderten Menschen (besonders wenn sie verbunden ist mit Hautkontakt, Gerüchen u. a.) nur schwer aushält. Ich kann den Gedanken, es sei ja auch gar nicht nötig, »so etwas« (schon wird aus Menschen ein Neutrum, eine Sache) am Leben zu erhalten, wie eine Verlockung empfinden, als Erleichterung für mich, als Angebot zur Schonung meines ach so sensiblen Nervenkostüms. Gespräche mit Eltern schwerstbehinderter Kinder und mit Pflegemitarbeitern aus den betreffenden Bereichen, aber auch Bücher wie »Tödliches

Mitleid« von Klaus Dörner zeigen mir, daß ich in dieser Hinsicht keine asoziale Ausnahme bin. Wer mutig genug ist, diese Gefühle (und zunächst einmal die entsprechenden Begegnungen) an sich heranzulassen, der weiß: *Uns* geht es so; »wir« haben solche Schwierigkeiten; wir empfinden Leid und hoffen auf Linderung. Und da uns das Eingeständnis solchen Egoismus'‹ moralisch disqualifizieren könnte, reden wir lieber davon, daß *der Schwerstbehinderte* unsäglich leide, daß *er* Linderung nötig habe.

Kurzum: Ich bzw. wir haben ständig mit der Frage zu tun: »Wie todbringend sind wir für unsere Mitmenschen?« (Diese Frage lernte ich im Zusammenhang mit dem Holocaust kennen: Zuidema Isaak, S. 194.) Zugegeben: Es gibt nicht viele Fragen, die ich als so bedrückend (wenn auch nötig) empfinde. Und diesen Druck könnte Anstötz wegnehmen: bestimmten Menschen gegenüber dürfen, ja sollen wir todbringend sein — zerbrich dir doch darüber nicht den Kopf. Anstötz kommt mir sehr entgegen, und gerade das macht mich skeptisch: Verheißt er mir, mich von einem tatsächlich völlig unbegründeten Druck zu befreien, oder poussiert er nur meinen emotionalen (!) Egoismus?

Was Anstötz schreibt, ist somit in mehrfacher Hinsicht enorm brauchbar — handelt es sich also bei ihm (und dann gewiß auch bei Singer) vielleicht lediglich um eine zeitbedingte Gebrauchsethik, um eine kurzlebige Gelegenheits-Philosophie ohne jeden höheren Anspruch, gewissermaßen um eine säkularisierte Parallele zu manchem mittelalterlichen oder auch neuzeitlichen theologischen Gedankengebäude, das nur deshalb gefeiert wurde, weil es einem einzelnen Papst oder Kaiser, einem bestimmten Staats- oder Gesellschaftsentwurf so zweckdienlich war? — Ich möchte betonen, daß ich nicht behaupte, die genannten vier Punkte seien tatsächlich zwar unausgesprochene, aber vermutlich dennoch bewußt mitgedachte »Grundentscheidungen« bei Anstötz; doch ist die Brauchbarkeit seines Buches in diesen vier Hinsichten so eklatant, daß ein rational mitgehender Leser, der den Vorwurf der »Gefühlsstrategie« (Anstötz EB, S. 52 — gegen Thalhammer) oder des »sentimentalen Verfahren(s)« (a. a. O., S. 77) nun doch einmal ernst nimmt, skeptische Fragen nicht unterdrücken darf: Nötigt die genannte Brauchbarkeit nicht dazu, sauber zu untersuchen, wie es bei Anstötz mit den nicht ausgesprochenen »Grundentscheidungen« steht? Können

Produkte eines kritischen Rationalismus so »süffig« sein, wie es (in vierfacher Hinsicht) die Thesen von Anstötz sind? *Muß* kritische Vernunft nicht skeptisch werden, wenn das, was als »kritischer Rationalismus« ausgegeben wird, und das, was an Stammtischen gelabert wird (»wer soll das bezahlen?«; »den hat der Hitler wohl vergessen!«, »ich kann dieses ganze Elend nicht sehen,« usw.), in der äußerlichen Gestaltung zwar extrem unterschieden einhergehen, inhaltlich aber viel Ähnlichkeit aufweisen? (Ein abschließender 6. Punkt kann hier entfallen; darin ging es um den »Vergleich schwerstbehinderter Menschen mit Tieren«, Anstötz EB, S. 104.)

Text C: Brief an Herrn Prof. Dr. Christoph Anstötz, Dortmund

11. März 1992

Sehr geehrter Herr Anstötz!

Vermutlich warten Sie schon längst auf den ausführlichen Brief, den ich Ende November ankündigte. Nach wie vor bin ich aber in der Schwierigkeit, daß ich nicht weiß, wie unser Gespräch weitergehen soll: ob durch Hin-und-Her-Interpretationen einzelner Aussagen oder durch ein Abklären grundsätzlicher Dinge. Mein augenblicklicher Denk-Standpunkt ist an dieser Stelle der, daß ich diese Alternative auflockern möchte in ein möglicherweise sich ergebendes Nacheinander, das heißt: *Zunächst* sollte versucht werden, grundsätzliche Dinge zu klären; wenn das gelingt, könnte dann auch das andere angezeigt sein.
So möchte ich heute in drei Punkten Ihnen eine grundsätzliche Frage vorlegen (oder sind es drei verschiedene Fragen? Jedenfalls scheinen mir die Dinge stark miteinander zusammenzuhängen), ohne deren klare Beantwortung ich mit Ihnen nicht ins Gespräch komme. Dieser letzte Nebensatz umschreibt nicht eine Art Trotzhaltung (etwa: antworten Sie gefälligst, sonst rede ich nicht mit Ihnen), sondern beschreibt eine mehrfach gemachte Erfahrung: Ich nehme Ihr Buch zur Hand, ich blättere in einem Ihrer Aufsätze, ich lese zum x-ten Male Ihren Brief — und nach wenigen Minuten spüre ich

regelmäßig: Ich verstehe nicht, was da ausgesagt ist; und bei der Frage, *warum* ich es nicht verstehe, stoße ich immer wieder auf diese eine Sache, nach der ich also in diesem Briefe fragen will.

1.

Das erste habe ich schon einmal formuliert, in Iserlohn, bei unserem Treffen im Oktober 1991 (»Denkstube Diakonie«). Ich zitiere hier einfach eine Passage aus meinem damaligen Referat:

Grundsätzlich stehen sich zwei Ausgangspunkte gegenüber:
a) Jedes Glied der Gattung Homo sapiens hat grundsätzlich uneingeschränktes Recht auf Leben; die Frage, ob dieses Recht (etwa durch schwere Verbrechen) verwirkt werden kann, steht auf einem anderen Blatt.

b) Jedes Glied der Gattung Homo sapiens hat in den ersten Lebenstagen oder -wochen grundsätzlich *kein* Recht auf Leben; dieses muß erst durch die Erfüllung bestimmter »Bedingungen« nachgewiesen werden.

Ich behaupte:
c) Beide Ausgangspunkte sind in gleicher Weise rational nicht mehr ableitbar. Hier stehen nicht Glaube und Ratio einander gegenüber (vgl. Anstötz Anmerkungen, S. 123: »Kritische versus christliche Moralphilosophie«), vielmehr steht hier Bekenntnis gegen Bekenntnis (statt »Bekenntnis« kann man auch mit Bleidick »Basisnorm« sagen oder andere Ausdrücke wählen, etwa »Grundentscheidungen«, Anstötz EB, S. 25).

d) Wenn Anstötz die Position (a) »Suggestion« nennt, (b) aber »rational«, dann fällt er damit hinter einen mühsam gewonnenen Diskussions-Standard zurück, der in einer ähnlichen Fragestellung sich längst durchgesetzt hatte. Ich denke an die Auseinandersetzung zwischen Christentum und Atheismus. Jahrzehnte konnte es zu keinem Dialog kommen, weil sich die Positionen ständig gegenseitig diffamierten: Solange Christen in der Alternative dachten »Wahrheit und Lüge«, »Gottes Stimme und Satans Stimme«, konnten sie Atheisten als Gesprächspartner nicht ernst nehmen; solange Atheisten in Christen die Spinner sahen oder auch Leute, die durch einen religiösen Überbau wider besseres Wissen gegenwärtige Herrschaftsverhältnisse stabilisieren wollten, konnte auch von ihrer Seite aus kein Dialog in Gang kommen. Das war erst möglich, als man wechselseitig zugab: beide Seiten vertreten denkbare Positionen; beide Positionen basieren auf einer weder rational beweisbaren (bzw. widerlegbaren) noch empirisch nachweisbaren (bzw. bestreitbaren) Grundannahme. — Wer heute in der Frage nach dem Lebensrecht des Menschen einen langwierigen absurden Streit vermeiden will, der sollte klar sagen, daß seine eigene Position *und* die des Gegners beide rational möglich sind, und daß beide ohne vorrationale Vorgaben nicht auskommen. Ohne solche Absprache scheint mir ein Dialog undenkbar zu sein.

Wie gesagt: Schon in Iserlohn stellte ich die Frage nach *Ihren* Grundentscheidungen. Wenn ich mich nicht irre, verwiesen Sie in dem Zusammenhang nur auf den Fallibilismus (oder wie nannten Sie das?, jedenfalls war m. E. die Rede von der Fehlbarkeit menschlichen Denkens). Nun haben sich in Iserlohn unbestritten beide Seiten viel Mühe gegeben (und zwar mit Erfolg — das finde ich im Blick auf einen Erstkontakt auch nachträglich noch wichtig), vorsichtig zu formulieren. Heute möchte ich, *etwas* weniger vorsichtig, behaupten, daß Sie mit dieser Antwort recht geschickt einer wirklichen Antwort aus dem Wege gingen; denn gefragt war nicht nach den Rahmenbedingungen unseres Denkens (da könnte man einiges aufzählen: Menschliches Denken ist überhaupt nur möglich unter der Voraussetzung, daß der Mensch immer ein irrtumsfähiges Wesen ist; ... daß der Mensch zwischendurch was essen muß; ... daß der Mensch Sprache versteht — usw.), nein, gefragt war nach Inhalten: »a)« und »b)« stellen zwei inhaltlich ausformulierte Thesen einander gegenüber, die dann in »c)« in Parallele zueinander gesetzt werden.
So resümiere ich noch einmal meine Frage von Oktober 1991: Stimmen Sie meiner These »c)« zu? Wenn »ja«, wären wir m. E. ein erhebliches Stück weiter. Wenn »nein«, möchte ich weiterfragen:

Können Sie die in »d)« genannte Parallele widerlegen, oder würden Sie hier sagen: Das »wechselseitige Zugeben«, das in »d)« von mir gelobt wird, war ein großer Fehler, mit dem faktische Gräben nur scheinbar überdeckt wurden?

2.

Könnte es sein, daß Sie die eben von mir gestellte Frage längst zwar nicht eindeutig beantwortet, aber, was Ihre Person angeht, für verfehlt erklärt haben; daß Sie also deutlich gemacht haben, diese Frage sei überhaupt nicht an Sie zu richten, weil *Sie* doch eindeutig die in »a)« formulierte These selber vertreten? – Mag sein, auch Sie überrascht diese Perspektive. Mich jedenfalls hat es vor ein paar Wochen überrascht, als ich beim Durchblättern einiger Texte auf einen Satz stieß, den ich mir vor Jahren zwar angestrichen, inzwischen aber wieder vergessen hatte. – Es geht um Ihre »Persönliche Erklärung zu den Ereignissen um den Singer-Vortrag« (in: unizet 171, Seite 2; in der mir zugänglichen Kopie ohne Datum; es dürfte aber im Zusammenhang klar sein: Sommer 1989 in Dortmund). Nach einer Einleitung kündigen Sie »vier Punkte« an (»Diese sind mir so selbstverständlich, daß sie in weniger zugespitzten Diskussionssituationen nicht eigens hervorgehoben werden müßten«). Dann sagen Sie als ersten Punkt:
»Ich stelle prinzipiell fest, daß ich von der Unverletzlichkeit des menschlichen Lebens ausgehe, wie sie in der ›Allgemeinen Erklärung der Menschenrechte‹ der Vereinten Nationen von 1948 ... zum Ausdruck kommt ... Ich lehne von daher jede Ethik ab, die mit dem Ziel entwickelt wird, Töten zu rechtfertigen, gleichgültig, ob es um das Töten alter oder kranker oder schwerstbehinderter Menschen geht.«
Wenn Sie in »4.« zur »Freiheit des Denkens und Redens« ausführen: »In einem freien und offenen Austausch von Meinungen und kontroversen Ansichten (...) scheint mir die beste Chance gegeben, Fehleinschätzungen zu erkennen und Gefahren für den einzelnen Menschen und das menschliche Zusammenleben abzuwenden«, dann ist auch dieser Punkt (zumal wenn ich aus »3.« hinzunehme, daß Ihre Sätze »ohne Unterscheidung auch für Menschen mit

allerschwersten Behinderungen« gelten sollen) ein bemerkenswert klares Bekenntnis zur »Unverletzlichkeit des menschlichen Lebens«. Könnten Sie bestätigen, daß ich diese Sätze nicht nur richtig zitiert, sondern auch in ihren richtigen Zusammenhang gestellt habe? Gelten diese Sätze für Sie auch heute noch uneingeschränkt?
— Wenn Sie beide Fragen bejahen, sind Sie »unser Mann«, und das Gespräch im Oktober 1991 war sozusagen ein Witz, denn es ging davon aus, daß hier Kontrahenten einander gegenübersaßen.
— Natürlich schiebe ich die Frage nach: Falls Sie meine beiden Fragen bejahen, warum finden sich diese wichtigen Sätze nicht auch in Ihrem Buch (denn als Ihr Buch erschien, waren die »Diskussionssituationen« nicht »weniger zugespitzt«)?

3.

Könnte es sein, daß beide Seiten (für Iserlohn: Anstötz einerseits, die Theologen andererseits; sonst: Singer, Anstötz auf der einen, Krüppelgruppen, Elternverbände, Heilpädagogik, Caritas und Diakonie auf der anderen Seite) geradezu kabarett-reif aneinander vorbeireden? Könnte es sein, daß die Sätze der einen Seite Wirklichkeit im Blick haben, die Sätze der anderen aber sind reine Grammatik?
Ich stelle mir vor: Im Deutsch-Unterricht ist das Thema dran: Zusammen- oder Getrennt-Schreibung? Der Lehrer sagt: »Als meine Schwester und ich gestern beim Geburtstag unserer Tante Helga *zusammenkamen*«, das meint: Wir haben uns dort getroffen, es kann durchaus sein, daß der eine eine Viertelstunde früher ankam als die andere.« »Als meine Schwester und ich gestern beim Geburtstag unserer Tante Helga *zusammen kamen*«, *das* meint: Wir haben uns vor der Haustür getroffen, wir kamen gemeinsam an. — Diese Sätze sind sinnvoll, weil sie den Schülern Grammatik beibringen sollen. Es spielt absolut keine Rolle, ob der Lehrer eine Tante hat, und wenn, ob sie Helga heißt, und wenn, ob sie gestern Geburtstag hatte, und wenn, ob … Das alles ist ja nur Grammatik. Diese Sätze müssen mit der tatsächlichen Wirklichkeit gar nichts zu tun haben, höchstens insofern, als es in solchen Sätzen keine siebenbeinigen Elefanten geben sollte und kein Gänseblümchen, das jeden Tag zwei

Löwen verspeist (usw.). – Entsprechend *könnte* es ethische Sätze geben, die auf der Ebene der Ethik-Grammatik formuliert sind: Wenn das Glück das höchste Gut ist, und wenn ..., und wenn ..., dann gibt es einen Sinn, schwerstbehinderte Kinder zu töten (nach einer entsprechenden Logik könnte man sagen: Wenn das Gleichheitsprinzip streng durchgehalten werden soll, dann gibt es einen Sinn, jeden Professor für Sonderpädagogik zu töten, der darauf besteht, mehr Gehalt zu bekommen, als einem Friedhofsgärtner tariflich zusteht) – das alles ist ja nur Grammatik, das hat mit der Wirklichkeit nur insofern zu tun, als es Professoren für Sonderpädagogik tatsächlich gibt, und schwerstbehinderte Kinder auch, und die Möglichkeit zu töten ebenfalls. Aber wer aus solchen Sätzen schließt, daß die Schreibenden (Redenden) auch nur erwägen könnten, dem Ehepaar Meyer, dessen Filius schwerstbehindert ist, solle angeraten werden, den Arzt um die Spritze zu bitten, der hat törichterweise einfach nicht richtig zugehört – darum (um praktisches Tun in unserer real existierenden Wirklichkeit) geht es doch gar nicht, seit wann reden deutsche Professoren von der Wirklichkeit ihres Frühstückstisches oder des Kinderzimmers drei Häuser weiter? *Davon* kann doch jeder reden, für so was muß einer nicht Wissenschaftler sein.

Bin ich mit dem im voranstehenden Absatz Gesagten dem wenigstens auf der Spur, was Sie in Ihrem Buch (und in Iserlohn) »Meta-Ethik« nannten (ich muß zugeben, die Sache, auch nachdem ich mir den von Ihnen freundlicherweise empfohlenen Text von H. Albert besorgt habe, vielleicht noch nicht richtig zu verstehen)? ...

Herr Anstötz, *sollte* ich die Dinge richtig verstehen (ich bin mir da absolut nicht sicher; nehmen Sie diesen Brief bitte als *eine* große Frage), dann schließen sich zwei Dinge gar nicht mehr völlig aus:

a) In Ihrem Buch zeigen Sie: Wer den Utilitarismus vertritt, wer das Gleichheitsprinzip durchhält, kommt (mindestens: kann kommen), sofern er streng rational arbeitet, zu der Frage: Warum soll ein behindertes Baby nicht gegessen werden (Seite 74)? Das ist ja nur Grammatik, gewissermaßen eine ethische Fingerübung (der Pianist mag sich zu Hause stundenlang mit den ödesten Etüden plagen, er denkt aber nicht daran, die auch dem Konzert-Publikum zuzumuten).

b) Wer Sie verdächtigt, die tatsächliche Tötung eines schwerstbehinderten Kindes »in Wirklichkeit« auch nur zu erwägen, dem sagen Sie — ehrlich — die Sätze, die ich aus unizet 171 zitierte.

Sobald ich beide Sätze auf die gleiche Ebene bringe, schließen sie sich aus; wenn ich aber sehe, daß sie unterschieden sind wie Grammatik und Zeugenaussage, wie Etüde und Konzert, haben sie nebeneinander Platz: Da kann man, muß man, über den Geschmack (u. a.) streiten, aber niemand darf behaupten: Anstötz ruft zur Euthanasie auf.
Für den Fall, daß ich Sie so richtig verstehe, eine dringende Bitte zum Schluß: Sagen Sie deutlich, was Sie *tatsächlich* meinen, sonst sehe ich die Gefahr einer philosophischen Hüpf-Prozession: Gegen »meint Anstötz wirklich, *jedes* Kind müsse gerettet werden?«, kann man auf das Baby-Essen-Zitat (usw.) verweisen; bei: »meint Anstötz ernsthaft Euthanasie?«, auf die unizet-171-Zitate. Ich kann mir nicht denken, daß Sie solches Hüpfen wollen; aber es gehört m. E. zur Verantwortung der Autoren, nach Möglichkeit auch zu verhindern, zu schamlosem Hüpfen anderer mißbrauchbar zu sein. — Dieses für heute. Seien Sie freundlich gegrüßt von Ihrem

(U. B.)

Text D: Notiz über ein Telefon-Gespräch vom 28. März 1992

Eben rief Herr Prof. Anstötz (= A) an, um sich für meinen (= B) Brief vom 11. März zu bedanken und um zu fragen, wie das Gespräch, vielleicht mündlich, weitergehen könne. B: ich hatte gehofft, im Brief ein paar Fragestellungen auf einen so knappen Punkt gebracht zu haben, daß man sie, mindestens teilweise, mit ja oder nein beantworten könne, während man bei anderen vielleicht sagen müßte: hier ist zunächst ein weiteres Gespräch nötig. A sieht keine Möglichkeit zu solcher knappen Antwort. So ergab es sich, daß wir in zwei recht deutlich voneinander abgesetzten Teilen ins Gespräch einstiegen, wobei der erste Teil die Thematik des Teils 1. meines Briefes zum Gegenstand hatte, der zweite Teil die Briefteile 2. und 3.

1.

Meine Iserlohner Punkte »a« und »b« (Brief, S. 1 unten) sieht A als Ergebnisse, B stärker als (gesetzte) Basis.
Die Entscheidung zum Rationalismus ist eine Entscheidung, die nicht mehr rational zu begründen ist (A und B einig).
Die ethischen (Grund-)Prämissen, z. B. Singers Ausgehen von den Interessen, sind (anzweifelbare) Setzungen (A und B einig).
A sieht die *Nicht*-Parallelität meiner Punkte »a« und »b« (mein Punkt »c« behauptet ja deren Parallelität) dadurch gegeben, daß die Setzung, die für das Zustandekommen von »a« unabdingbar ist (der Glaube an Gott, das Ja zu den 10 Geboten ...) eben keine *anzweifelbare* Setzung ist, sondern ein Dogma. − B hält es für eine Voraussetzung eines wirklichen Dialogs, daß beide Seiten *für das Gespräch* davon ausgehen: beide Ausgangspunkte (Glaube an Gott; Frage nach den Interessen) werden im gleichen Maße als anzweifelbare Setzungen ins Spiel gebracht; denkbar ist allerdings eine Situation, in der B das Gespräch beenden muß, weil er ein Weitermachen als Verrat von für ihn unaufgebbaren Positionen verstehen müßte (das gleiche ist aber auch für Singer denkbar: daß er spürt, jetzt kommt zu viel ins Rutschen; er *meinte*, seine Position als *anzweifelbare* Setzung einzubringen, dennoch kann plötzlich das Anzweifeln bestimmter Punkte unerträglich werden) − nun gut (oder schlecht): dann ist ein begonnenes Gespräch gescheitert; ohne jene Voraussetzung aber kann es erst gar nicht beginnen. − A gibt zu bedenken, hier könne ein Unterschied zwischen katholischer und evangelischer Beweglichkeit vorliegen. − B hält es für möglich (kann es im Augenblick aber nicht belegen), daß auch ein katholischer Theologe zu solcher Beweglichkeit bereit ist.

2.

Eindeutiger war dann m. E. das Gespräch über die Briefteile 2. und 3. Völlig klar, daß für A die unizet-Zitate (Brief, S. 3 oben) auch heute uneingeschränkt gelten − auf der Ebene der Realität. Mit den Begriffen Ethik-Grammatik oder Grammatik-Ethik fühlt A sich richtig verstanden, den Ausdruck »Hüpfen« (Ende meines Briefes) hält er aber offenbar für zu polemisch. Damit wurde unser Gespräch wieder kontrovers: B hält es nicht für gut, wenn A in seinem Buch Beispiele bringt (Anhang), die auf der Ebene der Wirklichkeit verstanden sein wollen, andererseits aber große Teile des Buches (etwa: soll das Baby gegessen werden?) als Grammatik gemeint sind (beides wird von A bestätigt), *ohne* daß deutlich gesagt wird, was so, was anders gelesen sein will. Als A sagt, B sei ein ehrlicher und williger Dialog-Partner, und B fragt: Wenn aber sogar ich die Grammatik-Teile zunächst als Aussagen über die Wirklichkeit verstanden habe, wer soll es denn dann richtig verstehen?, stellt A die Frage nach meinem Alter und überlegt, ob ich nicht in einem Denken großgeworden sei, in dem die Unterscheidungen der Sprachebenen noch nicht selbstverständlich waren. Er ist sich allerdings nicht sicher, ob alle Studenten diese Unterschiede richtig verstehen. B erinnert an das Grammatik-Beispiel im Brief und macht daran deutlich, wie leicht es sei, in wenigen Sätzen den Unterschied zwischen Grammatik- und Wirklichkeits-Ebene zum Ausdruck zu bringen. B knüpft (weil er ein »Dialog-Chaos« befürchtet) daran die Bitte, A möge in Veröffentlichungen und Vorlesungen das unizet-Zitat (o.ä) voranstellen und deutlich sagen, daß die dann folgenden Überlegungen diese Position nie verlassen (da sie auf einer völlig anderen Sprachebene angesiedelt seien). Das wurde von A gehört, aber (selbstverständlich) in keiner Weise zugesagt.

A ist damit einverstanden, daß B eine Notiz über das Gespräch anfertigt und seinen Brief vom 11. März und diese Notiz an die Mitglieder der »Denkstube Diakonie« herumschickt.

Text E: Brief an Herrn Prof. Dr. Christoph Anstötz, Dortmund

13. Oktober 1992

Sehr geehrter Herr Anstötz!

Um mit der Tür ins Haus zu fallen: Dieses wird mein Abschiedsbrief an Sie werden, und es mag sein, daß Sie darüber, gerade nach Ihrem letzten Brief (vom 6.4.92), überrascht sind. Denn Sie hatten mehrfach festgestellt, ich sei ein fairer Gesprächspartner. Das mag möglicherweise zutreffen (mindestens bemühe ich mich in diese Richtung). Trotzdem halte ich es nach langem Überlegen nicht für sinnvoll, unser Gespräch fortzusetzen — (um auch jetzt die Brücke nicht radikal abzureißen, füge ich hinzu:) *es sei denn*, wir finden einen völlig neuen Ansatzpunkt. Für mich bedeutet es kein nur negatives Ergebnis, wenn ich sage: Es dürfte sich gezeigt haben, daß der Weg, den Sie und ich bisher versuchten, gemeinsam nicht weiterzugehen ist. — Das sollte ich genauer sagen. Also:

Vor einem Jahr ließen Sie sich von uns zur »Denkstube Diakonie« nach Iserlohn einladen. Natürlich war uns Einladenden klar (und wir sprachen bei unserem Treffen auch darüber), daß wir in den Augen mancher Zeitgenossen bereits mit der Einladung etwas Unrechtes taten, da sie urteilen: Über die hier aufgeworfene Thematik darf überhaupt nicht ernsthaft diskutiert werden. Diese grundsätzliche Tabuisierung mochten wir nicht teilen, so wagten wir wenigstens den Versuch eines offenen Gesprächs.

Und es blieb, wenn ich die Dinge nicht total falsch beurteile, bei dem *Versuch*. Meiner (unserer) These, daß auch auf Ihrer (und Peter Singers) Seite eine nicht-rationale Vorgabe der Ausgangspunkt für die dann folgenden rationalen Weiter-Schritte sei, konnten Sie so nicht zustimmen. Auch in dem sich anschließenden Briefwechsel zwischen Ihnen und mir gab es zunächst keine Annäherung im Verstehen, bis ich auf die Passage in »unizet« von 1989 stieß, in der Sie ein Bekenntnis zur Unantastbarkeit auch des schwerstbehinderten Lebens ablegen, wie es deutlicher auch Ulrich Bleidick nicht sagen könnte. Das brachte mich, im Zusammenhang mit dem H. Albert-Text, dessen Lektüre Sie mir empfohlen hatten, auf den

Gedanken, ob es sich bei Ihren Thesen (in »Ethik und Behinderung«) nicht um Ethik-Grammatik handele. Als ich Ihnen das schrieb, rechnete ich eigentlich mit einer Quasi-Beschwerde Ihrerseits (*mich jedenfalls würde kränken, wer behauptet, meine Bücher hätten mit der Realität so viel zu tun, wie die Beispielsätze im Grammatik-Unterricht. Diese können auch dann »richtig« sein, wenn sie über meine konkrete Wirklichkeit Falsches aussagen. — Ich will zwar das Weltall nicht aus den Angeln heben, aber in ganz bescheidenem Ausmaß ein klein wenig Einfluß nehmen auf die mich umgebende real existierende Wirklichkeit — das möchte ich immerhin*). Nein, Sie sagten in unserem längeren Telephonat (vom 28.3.92), Sie fühlten sich da korrekt verstanden — und mir stockte der Atem.

Die ganze Zeit war ich also auf der Suche nach dem Punkt, von dem aus unsere Thesen total auseinandergehen; und dann wollte ich weiterfragen: Können Sie auf meine, kann ich auf Ihre These »umsteigen«. Nun war ich also fündig geworden und mußte fragen, ob ich mich an Ihrer »Grammatik« beteilige. Ich kann es nicht. Ich will es nicht. Ich werde es nicht.

Sie werden sich erinnern, daß ich in jenem Telephon-Gespräch sagte, wer Grammatik-Ethik treibt, könne auch überlegen, ob, um den Fortbestand der Menschheit zu gewährleisten, nicht alle Menschen mit einem IQ von über (sagen wir mal) 125, also gewiß die Mehrzahl der Professoren, umgebracht werden sollten, weil Voraussetzung für unsere Zukunft die Verhinderung eines großen und totalen Krieges sei, die ABC-Waffen (und anderes Ungemach) aber von Menschen mit einem hohen IQ erfunden worden seien. Sie schienen auch dieses Thema prinzipiell für möglich zu halten (obwohl da wahrscheinlich auch um unser beider Köpfe diskutiert würde), aber ich sehe nicht, daß Sie diesen Gedanken literarisch aufnahmen. *Ich* halte ihn natürlich für unmenschlich, aber trotzdem für relativ harmlos, da es in der Geschichte, soweit ich sehe, eine Massenhinrichtung von Professoren auf Grund solcher Argumentation noch nicht gab, ebensowenig gibt es so geartete Gesetzesentwürfe; darum könnte eine solche »Grammatik« kaum zu entsprechender Praxis führen. Bei der Peter-Singer-Thematik aber gab es und gibt es den entsprechenden Vollzug und auch ein in diese Richtung votierendes politisches Überlegen; darum wird, wenn man *sie* als Grammatik vorträgt, das Gefälle zu entsprechender Praxis

automatisch dramatischer. Und zu solchen Automatismen kann ich nur frisch und fröhlich und frei »nein« sagen. Für eine Koalition zwischen Fraktionen, deren »Parteiprogramme« *dieser* Grammatik zuneigen, stehe ich nicht zur Verfügung.
Sie warnen (etwa in Ihrem Aufsatz von 1991: »Rezeption der utilitaristischen Position Peter Singers ...«) vor Tabuisierung. Eben sagte ich, meinerseits gegen die Tabuisierung, mit Ihnen zu reden, votiert zu haben. Dennoch möchte ich davor warnen, auch die Möglichkeit, gelegentlich etwas zu tabuisieren, prinzipiell zu tabuisieren. Es scheint mir zum Beispiel überlebenswichtig zu sein, die Weitergabe von Atom-Waffen zu tabuisieren. Das heißt aber: Wer heutzutage prinzipiell jegliche Tabuisierung verneint, steht m. E. in Gefahr, potentiell verbrecherisch zu handeln (daß ich hier bei Hans Jonas gelernt habe, werden Sie merken).
Mir wird die Frage immer wichtiger, ob ein Gedanke oder eine These aus der Perspektive der Opfer oder der Täter entwickelt wurde, in der »Arena« oder auf der »Tribüne« (vgl. dazu meinen Aufsatz in der Zeitschrift »Pastoral-Theologie«, 1989, S. 257 ff.). Wenn Peter Singer nicht vor dem Argument zurückschreckt, wie die Autobahnen so könne auch die Euthanasie nicht schon deshalb verkehrt sein, weil beides auf die Nazis zurückgeht (»Praktische Ethik«, S. 210), dann zeigt das, aus welcher Perspektive er die Dinge wahrnimmt. Viele Kollegen und ich bemühen uns um die gegenteilige Perspektive, um die der »kleinen Leute«. — Bitte, verdächtigen Sie uns Theologen nicht weiter, auf kirchliche Traditionen festgezurrt zu sein. Das Gegenteil trifft zu; denn allzu lange wurde Theologie aus der Täter-Perspektive entwickelt. Wenn Theologen heute schroff »nein« sagen zu Singers Thesen, beweisen sie damit möglicherweise ihre große dogmatische Wendigkeit: sie haben einen lange überfälligen Perspektiven-Wechsel vorgenommen (den es teilweise ja auch in anderen Wissenschaften gibt).

Abschied also. Einen Versuch war es wert. Ich habe dazugelernt, sehe manches klarer als vor einem Jahr. Da Sie daran beteiligt sind, möchte ich mich hiermit bei Ihnen bedanken.
Herr Anstötz, ich wünsche Ihnen gute Gedanken, gute Lektüre und Mitmenschen, die es ehrlich gut mit Ihnen meinen. Mit nach wie vor freundlichen Grüßen sage ich: »Leben Sie wohl!«

(U. B.)

(Biblische) Theologie:
Förderung oder Korrektur der heutigen Gesundheits-Vergottung?

Ein Vortrag

Meine Damen und Herren!

Um die Katze sofort aus dem Sack zu lassen: Ich werde heute über schlimme Dinge berichten müssen, über eine Theologie nämlich, die so krank ist, daß sie da, wo sie gebraucht wird, oft nicht helfen kann, sondern die Not gar noch verschlimmert. Das Krankheitsbild dieser Theologie ist als »theologischer Sozialrassismus« zu diagnostizieren oder auch als »Apartheidstheologie«. Denn große Teile heutiger europäischer Theologie gehen von der Vorstellung aus: Der gesunde Mensch ist der eigentlich von Gott gemeinte Mensch; durch diese Theologie werden der kranke und der behinderte Mensch automatisch als Randfiguren definiert. Die Parallelität zur südafrikanischen Apartheidstheologie liegt auf der Hand: Dort sagt man, der Weiße sei der eigentlich von Gott gemeinte Mensch, womit der Schwarze theologisch an den Rand gerät.

Muß Theologie so reden? Und nun freue ich mich, noch eine zweite Katze aus dem Sack lassen zu können: Ich werde versuchen, heute auch großartige Dinge zur Sprache zu bringen, nämlich die befreiende Botschaft unserer alten Bibel, in der wir alle, jung und alt, behindert oder nicht, zu einem großen Geschwisterkreis gleichgestellter Menschen zusammengefügt werden. Theologie *muß* also nicht »Apartheidstheologie« sein, sie *muß* nicht den »theologischen Sozialrassismus« vertreten. Dann muß sie es *nicht*, wenn sie sich nach der biblischen Botschaft ausrichtet und konsequent so ausgerichtet bleibt. Trennt sie sich von dieser Grundlage, dann verfällt sie dem vulgären »Hauptsache-gesund!«=Denken und behauptet schließlich, auch nach der biblischen Botschaft komme der Gesundheit Heils-Bedeutung zu; die Gesundheit sei ein Teil der Erlösung,

die Jesus brachte; für einen Behinderten sei Gottes Heil unvollständig, solange nicht die Heilung geschehen ist. Solche Thesen gibt es gedruckt, massenhaft.
Biblische Botschaft dagegen kennt nur *eine* wichtige Alternative (je nachdem, wie man zählt, kann man auch von zwei Alternativen sprechen; diese Frage wird oft -sicher mit Recht- geschickt umgangen, indem man vom »Doppelgebot« spricht): Vertraut sich jemand Gott an oder nicht, und zwar rundum (mit allen Kräften, von ganzer Seele ..., Lk 10,27) und konsequent (da Gott so wie mich auch den anderen meint, gehört es zu meinem Gottvertrauen, daß ich den Nächsten liebe wie mich selbst, ebd.)? Das ist *die eine* (doppelte) Fragestellung. Alles andere, wirklich alles andere, ist allenfalls zweitrangig.
Das bedeutet eine unglaublich befreiende Botschaft für alle »kleinen Leute«, für alle Verachteten, an den Rand Gedrängten: Laßt euch nicht einhusten, ihr wäret keine »ganzen« Menschen, laßt euch nicht weismachen, ihr wäret in Gottes Augen weniger, nur weil ihr schwarz seid oder blind, nur weil ihr Jude seid oder Türke, nur weil ihr Frau seid oder altersverwirrt. Jeder von euch ist einmalig. Jeder von euch ist Gott unendlich wichtig. Denn bei Gott gibt es keine Apartheids-Gesetze.
Die gibt es aber bei uns. Wohl jeder von uns hat irgendwelche Apartheids-Rosinen im Kopf: Habe ich als Mann bei Gott nicht doch vielleicht einen gewissen Vorrang vor der Frau, als Christ vor dem Juden, oder auch: als Arier vor dem Juden, als Weißer vor dem Schwarzen, als Sehender vor dem Blinden?
Im Grunde geht es um die gleiche Sache, mit der sich schon Paulus herumschlug, als er seinen groben Brief an die Galater schrieb: Glauben wir, daß Jesus uns mit Gott in Ordnung gebracht hat? Oder meinen wir, von uns aus noch anderes neben die Retter-Tat Jesu stellen zu müssen (Jesus ja; aber Jesus allein, das ist zu wenig)? Die Galater meinten, sie müßten auch noch das Mose-Gesetz halten; nur dann gehöre ihnen das ganze Heil, denn das Gesetz habe Heils-Bedeutung. Paulus sagt: Wer das Gesetz halten will, weil er in dieser *Tradition* groß geworden ist, der soll es tun (Paulus hielt es damit ja selber so). Wer aber sagt: Die Gesetzes-Werke sind *notwendig* für mein ganzes Heil, der macht alles kaputt. — Paulus redet hier offenbar zu Menschen, die es sich durchaus zutrauten, die Mose-

Gesetze zu halten; er redet zu Menschen, bei denen man viele gute Werke aufzählen konnte. Und *denen* sagt er: Ihr verderbt *eure* Gottesbeziehung, wenn ihr eure guten Werke als Teil des göttlichen Heils definiert. Paulus predigt also keineswegs eine trostreiche Sonderbotschaft für die moralisch Schwachbegabten.

Mir ist es wichtig, diese Dinge in unseren Zusammenhang einzubringen. Es geht bei dem fälligen Angriff auf die europäische »Apartheidstheologie« nicht etwa um einen besonderen Schutz behinderter und kranker Menschen. Vielmehr möchte ich in Parallele zu dem eben von Paulus Gehörten sagen, und zwar vor allem den Nichtbehinderten und Gesunden sagen: Wenn ihr gesund seid, wenn ihr ohne Hörgerät und Blindenschrift auskommt, freut euch darüber; gestaltet fröhlich euer Leben — alles okay. *Nur:* Wenn ihr sagt: meine Gesundheit ist ein Teil des Heils, das Gott mir zugedacht hat (und zugedacht hat er es *eigentlich* auch denen, die nicht gesund sind), dann macht ihr alles kaputt; dann ruiniert ihr *eure* Gottesbeziehung; dann ist euer Glaube und eure Theologie krank geworden. — Ich nehme an, daß auch in Südafrika das Nein zur Apartheidstheologie den Weißen mit im Blick hat: er übernimmt sich, wenn er sich einbildet, anthropologisch mehr zu sein als der Schwarze. Der Weiße, der sich vom Schwarzen abheben will und darum meint, sich zum Halbgott hochstilisieren zu müssen, wird zum Unmenschen.

Mir geht es also gleichzeitig um dreierlei:
1. Die europäische »Apartheidstheologie« steht in schroffem Gegensatz zur biblischen Botschaft.
2. Die europäische »Apartheidstheologie« drängt kranke und behinderte Menschen an den Rand.
3. Die europäische »Apartheidstheologie« pervertiert Glauben in Aberglauben, Gottesdienst in Götzendienst.

Den letzten Satz kann man auch andersherum sagen: »Götzendienst« (bzw. wie es im Thema heißt: »Vergottung«) *führt* zur »Apartheidstheologie«. So oder so, klar ist auf jeden Fall: Da, wo unterschiedliche oder auch gegensätzliche Gegebenheiten nicht mehr als Lebensbedingungen gesehen werden, unter denen wir Gott dienen sollen (als Männer und als Frauen, bei Sonnenschein und bei

Regen ...), wo vielmehr eine der beiden Seiten in größere Nähe zu Gott gerückt wird, wo die eine Seite wie ein Götzenbild verehrt wird (wo sie vergottet wird), da landen wir unweigerlich in der »Apartheidstheologie«. Wenn wir nicht mehr von unterschiedlichen gleichberechtigten Rassen sprechen können, wenn wir sagen, der nordische Mensch sei von Gott zum Herrn der Erde bestellt, dann stehen die Juden zur Vertreibung an (wenn nicht zur Vergasung). Ebenso: Wo wir uns der Gesundheit nicht dankbar erfreuen (und im Krankheitsfalle versuchen wir zu sagen: jetzt bin ich ein paar Monate krank, ja und?), wo vielmehr die Gesundheit vergottet wird, wo sie angeblich näher zu Gott ist als die Krankheit, da haben kranke Menschen (besonders chronisch kranke Menschen und Behinderte) nichts mehr zu lachen.
Dieser menschenverachtende Götzendienst, diese Kombination von Vergottung (der Stärkeren) und Versklavung (aller), steckt tief in uns. Das wurde mitnichten erst im »Dritten Reich« erfunden. Kürzlich fand ich dieses Schema bei Hölderlin. Da wo ein Volk (mag sein, tatsächlich geistig höher stehend als ein anderes) sich in göttliche Nähe bringt, definiert es -offenbar zwangsläufig- die anderen als ›Würmer‹ und als ›willenlose Leichname‹. Ich zitiere:

> »Ein Volk, wo Geist und Größe keinen Geist und keine Größe mehr erzeugt, hat nichts mehr gemein mit andern, die noch Menschen sind, hat keine Rechte mehr, und es ist ein leeres Possenspiel, ein Aberglauben, wenn man solche willenlose Leichname noch ehren will, als wär ein Römerherz in ihnen. Weg mit ihnen! ... ... Was? vom Wurme soll der Gott abhängen? Der Gott in uns, dem die Unendlichkeit zur Bahn sich öffnet, soll stehn und harren, bis der Wurm ihm aus dem Wege geht? Nein! nein! Man frägt nicht, ob ihr wollt! Ihr wollt ja nie, ihr Knechte und Barbaren! Euch will man auch nicht bessern, denn es ist umsonst! Man will nur dafür sorgen, daß ihr dem Siegeslauf der Menschheit aus dem Wege geht.« (F. Hölderlin, Gesammelte Werke, Bertelsmann Verlag, 44.-48. Tsd. 1957, S. 336 f.) — (An anderer Stelle zitiere ich ein Straßburger Papier von 1988, in dem die Zielvorstellung »Europa der Gesundheit« genannt ist. Wer wird, wenn die Europa-Politiker sich anschicken, diesen Traum zu realisieren, wer wird bei *solchem* »Siegeszug« wohl »aus dem Wege« geräumt werden müssen?!)

Die Frage wird brennend: Auf welcher Seite stehen Kirche und Theologie, bei Gottesdienst (es gibt nur *eine* entscheidend-wichtige Alternative: Glaubt jemand an Gott oder nicht?) oder bei Götzendienst (andere Alternativen sind ebenso wichtig wie die eben genannte, etwa: ist einer Arier oder Jude, »Läufer« oder gelähmt, Mann oder Frau, Aids-krank oder nicht?)? Willentlich und bewußt stehen sie selbstverständlich auf der Seite des Gottesdienstes. Das Schlimme ist allerdings: Es läßt sich belegen, daß sich unsere Theologie weithin eindeutig an der sozial-rassistischen Gesundheitsvergottung weitschweifig beteiligt.
Damit habe ich meine Hauptthese genannt und entfaltet. Nur: Sie steht noch völlig in der Luft. Bisher habe ich diese Dinge einfach behauptet. Wenn ich meine These jetzt mit Beispielen belege, dann springen dabei keine neuen Thesen heraus. Ich muß jetzt nur noch nachweisen, wie es zu einer solchen »Apartheidstheologie« kommt, und daß es sich wirklich nicht um ein Phänomen handelt, das ich mir zurechtgeträumt hätte.
Die Belege, die ich nun beibringe, habe ich zusammengestellt unter den Stichwörtern Um-Hören und Um-Lesen. Gemeint ist: Sätze und Texte, biblische und außerbiblische, Texte, in denen sich auch nicht eine Spur von »Apartheidstheologie« findet, werden vielfach plötzlich um-gehört oder um-gelesen, als handele es sich um Belegstellen für die »Apartheidstheologie«. Das klingt dramatisch. Und es *ist* auch dramatisch.

Zunächst bringe ich als Beispiele für solches Um-Hören und Um-Lesen zwei außer-biblische Texte:

Dabei beginne ich bewußt mit einer Kleinigkeit, sozusagen einer belanglosen Bagatelle. Es könnte jedoch sein, daß schon bei diesem Beispiel die Dramatik erkennbar wird, um die es hier geht.
Auf der Gnadauer Pfingstkonferenz 1990 hatte ich unter der Überschrift »Heil — auch ohne Heilung« in einem Referat betont, für ein gutes Miteinander von behinderten und nichtbehinderten Menschen komme es sehr darauf an, wie wir *insgesamt* von Gott (Ist er der Gesundheits-Garant oder nicht?), vom Menschen (Ist er normalerweise gesund, und Krankheit wäre die Ausnahme, mag sein: ein Makel?) und von unserer Gemeinschaft (Gemeinde) reden (Ist sie

die Gemeinschaft der Starken und Hilfsbereiten, oder ist sie eine Mannschaft, in der jeder Hilfe braucht und auch helfen kann?). Wörtlich: »Ob ein Mensch unter uns als Randfigur lebt oder nicht, das entscheidet sich nicht nur an dem, was er mitbringt an innerer Haltung und äußeren Möglichkeiten, das entscheidet sich zum großen Teil daran, was unter uns gedacht und geglaubt wird. In einer Gesellschaft, die antritt in der Haltung ›hast du was, bist du was ...‹, sind bestimmte Gruppen sofort Randgruppen; nicht weil sie es von sich aus schon wären, sondern durch unser Denken, Reden und Sortieren *werden* sie dazu.« – In einem Zwei-Spalten-Bericht über meinen Vortrag (Gnadauer Gemeinschafts-Blatt 8/90, S. 14) wird gesagt, ich hätte die Frage erörtert: »Wie reden wir *einem Behinderten gegenüber* von Gott, vom Menschen, von der Gemeinde?« (Hervorhebung von mir).

Das zeigt doch: Wir tun uns sehr schwer, den Gedanken zu ertragen, daß der andere durch *meine* Philosophie belastet werden kann. Seine Belastung geht auf irgendwelche »die da« zurück, aber nicht auf mich; *ich* bin auf der Seite der Guten, der Helfer. Und außerdem: Nicht ich bin das Problem, sondern nach dem anderen muß gefragt werden; ihm »gegenüber« werden manche Fragen etwas schwierig. Bei diesen Fragen aber bin ich Problem-*Löser*, also weder *Mit*-Problem noch gar Problem-*Verursacher*.

Im Vortrag hatte ich für das Gegenteil geworben: für eine Integration schon im Denken: »Der andere gehört zu uns«, das muß eben auch heißen: Ich bin bereit, mich selbst zum Mit-Thema zu machen. Denn behinderte Menschen kommen geistig nur zurecht (sie haben nur dann »Heimat«), wenn *alle miteinander* die Frage wagen: Wie reden *wir* von Gott, vom Menschen, von der Gemeinschaft, im Blick auf behinderte Menschen *und ebenso* auch im Blick auf Menschen, die nicht behindert sind. Sobald wir aber diese Fragen nur »einem Behinderten gegenüber« stellen, sind es Spezial-Fragen, Sonder-Fragen. *Damit aber* ist der behinderte Mensch (von unserem Denken her!) ein Sonder-Fall – und genau das ist die philosophische Wurzel, aus der nur Apartheids-Ideologie sprossen *kann*.

Mein zweites Beispiel hat schon ein anderes Format. (Da es mir nicht darum geht, einzelne Theologen schlechtzumachen, nenne ich den Beleg etwas verschlüsselt: Kaiser-Taschenbuch 25, S. 131.) Es geht in dem Text um Krankenseelsorge und um die Frage, ob wir gegen Krankheit ständig zu kämpfen haben, oder ob wir uns mit ihr in irgendeinem Sinne zu arrangieren hätten. Dann heißt es, in der neueren Theologie habe keiner schroffer als Karl Barth »nein« gesagt zu jeglicher Koalition mit der Krankheit. Für Barth gründe dieses Nein, also »der Wille zur Gesundheit ... im Gehorsam gegen das erste Gebot«. Bekanntlich geht es in den Geboten 2-10 um den Schutz der Gaben Gottes (etwa: Gott schenkte den Feiertag, geh verantwortlich mit ihm um), im ersten Gebot aber um Gott selbst, um jene allein wichtige Alternative: Vertraut sich jemand Gott an oder nicht? Betreibt er Gottes- oder Götzen-Dienst? Darum überraschte mich dieser Barth-Beleg. Denn Barth hat ja immer wieder betont, daß wirklich nichts den Rang und die Autorität beanspruchen darf, die Gott allein zukommt. Und jetzt hebt Barth mit einemmal die Gesundheit *doch* in den Rang des ersten Gebotes (der Wille zur Gesundheit gründet im Gehorsam gegen das erste Gebot)? In der Fußnote der zitierten Seite wird auf Barths Dogmatik verwiesen, ich schlage nach und stelle zu meiner Verblüffung fest, daß an der angegebenen Stelle vom ersten Gebot gar nicht die Rede ist. Vielmehr sagt Barth, der Wille zur Gesundheit stelle einen Gehorsamsakt dar (soweit war also richtig zitiert; aber nun:) *einem* (nicht dem) er*n*sten (nicht: ersten) Gebot gegenüber. Also: Gott vertraute euch die Gesundheit an (das war ihm kein Witz), nun verplempert sie nicht – völlig ohne Problem. Davon aber, daß der Gesundheit göttliche Qualität zukäme (daß sie also bei Barth vergottet würde), findet sich wirklich keine Spur.

Wenn sich ein Autor verliest, ist das nicht weiter schlimm. Wenn aber der Lese-Fehler präzise zur Erfüllung eines Wunsches führt, den wir zwar alle hegen, der aber von der biblischen Botschaft nicht gedeckt ist, dann ist das schon auffällig. Die Gesundheit, quasi ein Teil von Gott! Das müßte heißen: Solange Gott sich nicht selber böse wird, kann er uns keine gravierenden gesundheitlichen Einschränkungen zumuten. Wer einen solchen Wunsch nicht faszinierend finden kann, der hat gewiß nicht allzu tief in sich hineingehorcht. Ich wenigstens könnte das *als Wunsch* sofort nachvollziehen. Ja, ich behaupte: Das Schlimme, von dem ich Ihnen heute berichte, können Sie nur verstehen (und zum Verstehen gehört auch das Fühlen), wenn Sie sich einen Augenblick

bewußt — auch emotional — öffnen für die Faszination dieses Wunsches: Darin ist Gott rundum Gott, daß er uns lebenslang Krankheit und Behinderung vom Halse hält — Leute, wäre das schön!!, ehrlich. — Die Sache ist nur die: Die Gesundheit ist eine *Gabe* des Schöpfers; ihr kommt *nicht* der Rang des Schöpfers zu. Und dem *Schöpfer* sollen wir dienen, nicht dem Geschaffenen, schärft Paulus Röm 1,25 ein. Der Wunsch, die Gesundheit in den Rang des ersten Gebotes zu heben, muß also erkannt werden als der Wunsch nach dem Goldenen Kalb, als Wunsch nach Götzendienst. Noch einmal: Dieser Wunsch nach der Gesundheits-Vergottung steckt in uns allen. Die Frage muß nun lauten: Wird dieser Trend durch unsere Theologie noch gefördert, oder bemüht sich Theologie zu korrigieren? Von der Bibel her kann nur das zweite in Frage kommen. Denn der in der Bibel gepredigte Gott ist nun einmal nicht dafür zuständig, unsere, auch noch so heiligen, Wünsche artig zu erfüllen. Und diese Botschaft eines schroffen, prinzipiell unverstehbaren Gottes hat Barth ja nun wirklich immer und immer wieder dargestellt. — Um-Lesen. Sie merken: Ich habe nicht von einem läppischen Lese-Fehler erzählt. Vielmehr kam soeben eine unheimliche Dramatik in den Blick.
Soweit diese beiden außerbiblischen Texte. Die gleiche Tendenz des Um-Lesens läßt sich nun in erstaunlicher Häufigkeit und erschreckender Deutlichkeit ebenso an der Interpretation biblischer Texte festmachen. Da wir natürlich auch in der Auslegung der Bibel keine Engel sind, ist das zunächst einmal einigermaßen normal. Stutzig werde ich allerdings, wenn dieses Um-Hören und Um-Lesen ständig die gleiche Richtung hat, nämlich die Richtung der Apartheidsideologie und damit der weltanschaulichen Ausgrenzung kranker und behinderter Menschen.

Im Blick auf die Bibel kann man zum Thema Um-Lesen und Um-Hören nicht gerade »bei Adam und Eva« beginnen, immerhin aber bei Kain und Abel. Es ist sonderbar, daß für sehr viele Menschen die Frage überhaupt kein Problem macht, woher Kain gewußt habe, daß Gott *sein* Opfer verworfen, das Opfer seines Bruders Abel hingegen angenommen hatte. Das ist doch wohl klar! — Mir ist diese Sache so eindrücklich, weil ich selbst vor Jahren in guter Überzeugung die falsche Antwort fröhlich lieferte: Bei Abel stieg der Opfer-Rauch senkrecht in den Himmel, bei Kain blieb er qualmend am Boden. In unseren Bibeln findet sich davon kein Wort. Auf Bildern wird es gern so dargestellt, mag sein, im Kindergottesdienst erzählte man es uns so. Und schon meint man, auch diese Einzelheit stehe in der Bibel. — Dieses Beispiel hat mit Apartheidstheologie nicht direkt etwas zu tun, indirekt vielleicht doch; denn es zeigt, daß wir das Schöne und Starke, das senkrecht nach oben Steigende mit Gottes Wohlgefallen schnell in Verbindung bringen; im Unansehnlichen, am Erdboden Krauchenden, im Mühsamen aber sehen wir das, was Gott nicht mag.

Kain und Abel sollten gerade nur eine Art Vorbemerkung sein zu einer großen und für unser Thema ungemein wichtigen Gruppe von Texten, nämlich den Heilungsgeschichten im Neuen Testament. Hier muß ich mehrere Dinge zur Sprache bringen.

Die zentrale und, wie ich behaupte, verhängnisvolle These lautet: Jesus hat gegen Krankheit und Behinderung gekämpft wie gegen Sünde, Tod und Teufel; denn Krankheiten und Behinderungen sind etwas von Gott nicht Gewolltes, sie sind gewirkt durch gegengöttliche Kräfte (mythologisch ausgedrückt: durch Dämonen). Diese These wird zwar immer wieder behauptet und in theologischen Werken gedruckt; sie läßt sich aber vom biblischen Befund her in keiner Weise halten. Ein exakter Nachweis wäre im Augenblick freilich zu zeitaufwendig. Darum kann ich hier nur auf eine Veröffentlichung verweisen: Bach, Getrenntes, S. 40-118 (bes.: S. 75 ff.) und das Hauptergebnis skizzieren: Mindestens im ältesten Evangelium (Markus) wird sehr sauber unterschieden zwischen Besessenheit (man weiß nicht recht, was das ist; jedenfalls sollten wir hier keinesfalls an psychopathische Phänomene denken) und Krankheiten; gegen Besessenheit (Dämonie) hat Jesus in der Tat gekämpft, nicht aber gegen Krankheiten. Er hat Kranke geheilt, unbestritten; aber in den Texten geht es sehr »locker« zu: Jesus hatte die entsprechende Begabung; es fehlt aber eindeutig das Kampfmotiv. Eben nannte ich diese These die zentrale These. Denn mir wurde klar: Wie die Sicht des behinderten Menschen als eines Sonder-Menschen (im Blick auf den wir anthropologisch und theologisch Sonder-Fragen zu stellen haben) die Wurzel der Apartheids*ideologie* ist (s. o.), so ist die Behauptung eines gegen Krankheiten kämpfenden Jesus die Wurzel der Apartheids*theologie*. Denn bei dieser

Behauptung steht der Behinderte (der chronisch Kranke, der Nicht-Geheilte) mindestens teilweise unter der Herrschaft dämonischer, gegengöttlicher, Kräfte. Das Heil Gottes kann daher einem Behinderten nur bruchstückhafter gehören als einem Nichtbehinderten. Alles in allem: hier wird zwar nicht behauptet, der *Weiße* sei der eigentlich von Gott gemeinte Mensch (womit der Schwarze theologisch zum Außenseiter wird), hier wird das gleiche vom *Gesunden* behauptet; und damit werden Kranke und Behinderte anthropologisch zu »Niggern«.

Gewissermaßen eine Parallel-These (zur Behauptung des gegen Krankheiten kämpfenden Jesus) ist die These, Jesus habe einen Heilungs*auftrag* gehabt (dazu ausführlich: Bach Gemeinde). Auch an dieser These hält man fest, obwohl es keinen Beleg dafür gibt, daß Jesus heilen »mußte« bzw. daß er zum Heilen »gekommen« sei; beide Ausdrücke (›müssen‹ und ›gekommen sein‹) werden im Neuen Testament aber etliche Male gebraucht, wenn von dem die Rede ist, wozu Jesus beauftragt war: zum Predigen, zum uns erlösenden Leiden.

Wenn es keine Belege gibt, kann man welche erfinden. Damit komme ich zu 1 Joh 3,8: Dazu ist der Gottessohn erschienen, so lesen wir, daß er die Werke des Teufels zerstöre. Allen Ernstes wird aus diesem Satz zuweilen abgeleitet, Jesus sei gekommen, um Krankheiten zu vernichten (etwa: Bittner HZ, S. 33). In dem genannten Kapitel ist von Krankheit mit keiner Silbe die Rede, wohl aber davon, daß es uns Christen oft an geschwisterlicher Liebe fehlt: Der Egoismus, das allgemeine Gegeneinander (vielleicht darf ich sogar sagen: jede Art von Apartheidsideologie) — *das* sind die Teufelswerke, die Jesus zerstören sollte. In diesem Falle dürfte das Um-Lesen nicht nur eine Erweiterung in die falsche Richtung bedeuten, sondern geradezu das Gegenteil dessen behaupten, was im Bibeltext ausgesagt ist.

Wenn man einmal richtig in Fahrt gekommen ist auf dieser Woge: Krankheiten sind Teufelswerke, mit deren Vernichtung der Gottessohn beauftragt war, dann ist man offenbar gezwungen, auch anderes um-zulesen. So wird gelegentlich behauptet (vgl. Theißen Wunder, S. 276), die Heilung eines Kranken bedeute den Anbruch der neuen Welt (also der Neuschöpfung durch Gott, wie sie uns am Ende aller Zeit verheißen ist: eine Welt ohne Schreien, ohne Not).

Dazu dreierlei:

1. Die Aussage ist in sich nicht stimmig. Denn die von Jesus Geheilten sind ausnahmslos im Laufe der nächsten Jahrzehnte gestorben (und in diesen Jahrzehnten wird sie manche Krankheit geplagt haben). Jesus hat keinen einzigen Menschen dauerhaft gegen Krankheit und Sterben immunisiert; und nur in *dem* Falle könnte man (immer noch: mit Einschränkungen) vom Beginn der Neuen Welt (für diesen einen Menschen) sprechen.

2. Die Belege, die man anführt, tragen die Beweislast in keiner Weise. Denn es werden die drei Stellen herangezogen, in denen es heißt, da, wo Jesus einen Dämon ausgetrieben hat, sei der Satan vom Himmel gefallen (oder es werden ähnliche Ausdrücke benutzt, die tatsächlich als Umschreibung von »Weltenwende« verstanden werden können). Aber *diese* These ist allgemein neutestamentlich: Wo ein Sünder sich zu Gott bekehrt, da freuen sich die Engel im Himmel; wo aus dem Christenverfolger Paulus der Missionar Paulus wurde, *da* begann für ihn die »neue Kreatur«. Daß *im Blick auf Exorzismen* in der gleichen Art geredet wird, verwundert überhaupt nicht. Aber auch *im Blick auf Krankheiten?* Im Zusammenhang mit Krankenheilung wird eindeutig *nicht* so geredet. (Zugegeben: in den relativ späten Schriften des Lukas gibt es zwei Stellen, die vermuten lassen, daß auch er schon ein bißchen in diese Richtung dachte. Aber diese Stellen scheinen so wenig eindeutig zu sein, daß sie von den Vertretern der Weltenwende-These auch nie oder fast nie als Beleg bemüht werden.)

3. Die zur Rede stehende Aussage ist geradezu der Gipfel der Apartheidstheologie zu nennen. Markus 1 wird erzählt, Jesus habe viele Menschen geheilt; als er sich in die Stille zurückzieht, kommt Petrus gelaufen: da warten noch andere; Jesus sagt: laßt uns weiterziehen, denn ich bin zum Predigen gekommen. An dem Tag gab es in Kapernaum also Menschen, die von Jesus geheilt wurden, andere, die er nicht heilte. Welche Spaltung muß es dort gegeben haben, wenn ich sage: die einen gehören zur neuen, die anderen zur alten Welt! Das wäre doch ein deutlicher rassistischer bzw. sozialrassistischer Gräben – und das alles soll Jesus gewirkt haben, den wir den Friedensfürsten nennen (nach Eph 2,14 hat Jesus keine Zäune gezogen, sondern abgebrochen)!

Die Weltenwende-These gibt es noch in einer zweiten Fassung, salopp gesagt: in der Oster-Fassung. Ostern, die Auferweckung Jesu von den Toten, wird im Neuen Testament (1 Kor 15,20.23) als Beginn der Neuschöpfung Gottes bezeichnet. Von daher hört man an Stellen, die berichten, daß Jesus einen Kranken aufrichtete, ihn aufstehen ließ, zuweilen Anklänge an Ostern heraus. Ich frage allerdings: Versucht man hier nicht gewissermaßen, die geschlachtete Kuh zu melken? Die neutestamentlichen Schreiber wagen zu bezeugen: Gott hat die Macht, mit dem gekreuzigten und gestorbenen Jesus umzugehen, wie eine Mutter, die ihr Kind aus dem Bettchen aufnimmt; oder von Jesus her formuliert: Er hat dem Tode die Macht genommen; er stand (von den Toten) auf, wie unsereiner morgens vom Nachtlager aufsteht. Für diesen unvorstellbaren Vorgang (der Gekreuzigte lebt) werden keine religiösen Sonder-Vokabeln benötigt (anders zuweilen in *unserer* Sprache: aufstehen / auferstehen, aufwecken / auferwecken), sondern es werden vorhandene profane Vokabeln benutzt. Damit wird die Macht Gottes unterstrichen: er wird mit dem Tod so fertig wie wir mit dem Schlaf. — Ich finde es schlicht unredlich, diese Dinge jetzt noch einmal rückwärts zu lesen und zu behaupten: Da wo einer aufsteht, soll an Ostern erinnert werden.

Als Beispiel denke ich an Bibelarbeiten zur Geschichte von der Heilung des epileptischen Knaben (Mk 9), die auf dem Kirchentag 1991 gehalten wurden; mehrere von ihnen wurden zu einem Taschenbuch zusammengestellt (Degenhardt Markus). Mehrfach wird in diesen Arbeiten die Heilung mit Ostern in Zusammenhang gebracht, und zwar wegen der Vokabeln »aufrichten« und »aufstehen«. Dabei gibt es eine große Spannweite von vorsichtig (»über dem Ganzen liegt ein Hauch von Ostern«; S. 44) bis zu massiv (Jesus »vollzieht die Auferstehung«; S. 29). Auch diese Auslegung ist m. E. das Ergebnis eines eindeutigen Um-Lese-Vorgangs:

Mk 9,27 lesen wir also, daß Jesus den Knaben, der wie tot dagelegen hatte, aufrichtete, und daß der Knabe aufstand. Unser »aufrichten« findet sich auch Apg 10,26: der römische Hauptmann will Petrus anbeten, geht vor ihm in die Knie; aber Petrus richtet ihn auf. Oder: Jesus fragt Mt 12,11, ob nicht jeder dem Schaf, das am Sabbat in die Grube fällt, trotz Feiertagsheiligung wieder »heraushilft« (Luther; da steht im Urtext die gleiche Vokabel »aufrichten«). Spüren wir

etwa auch beim Hauptmann Cornelius und bei dem verunglückten Schaf einen »Hauch von Ostern«? Das wird niemand behaupten. Warum dann aber beim epileptischen Knaben? Offenbar lesen wir die Texte mit einem bestimmten Interesse: Die Gesundheit ist ein so hohes Gut (ich erinnere daran: gelegentlich heben wir sie in den Rang des ersten Gebotes), daß wir eine Heilung gern göttlich veredeln: da vollzieht sich so etwas wie Ostern, Weltenwende: der Gesunde ist sozusagen schon im Paradies. (In Günter Brakelmanns Aufsatz: »Kirche und Krieg. Der Krieg 1870/71 und die Reichsgründung im Urteil des Protestantismus« findet sich eine verblüffende Parallele: Damals feierte man die Kaiserproklamation als einen »Auferstehungstag«; Brakelmann KK, S. 103.) — Auch den anderen Ausdruck (der Knabe »stand auf«) bringen wir nur dann mit Ostern in Verbindung, wenn es uns paßt. Die gleiche Vokabel findet sich nämlich z. B. Mt 26,62: im Prozeß gegen Jesus stand der Hohepriester auf und fragte Jesus, wieso er nichts zu den Anschuldigungen sage. Müssen wir etwa damit rechnen, daß künftig in den Kommentaren zu lesen ist, hier vollziehe der Hohepriester die Auferstehung? Ohne Ironie: Ich finde es höchst sonderbar, in welche theologischen Sackgassen wir uns verirren, wenn wir Sklaven der Gesundheitsideologie (und damit der Apartheidstheologie) sind: Wir lesen uns die Texte zurecht, bis sie uns das sagen, was wir unheimlich gern hören wollen. Und dann können diese Texte nichts anderes, nichts Neues, nichts uns alle aus der Knechtschaft der Gesundheitsvergottung Befreiendes mehr sagen; sie sind jetzt an die Kette gelegt.
Noch einmal zurück zum »Heilungsauftrag«, zunächst zum Heilungsauftrag *Jesu*. Ein sehr beliebtes Argument *für* diesen Heilungsauftrag Jesu ist der Hinweis darauf, daß Jesus sich einmal doch selber einen Arzt nannte (das ist richtig!), und daß ein Arzt nicht nur gelegentlich sich um Kranke bemüht, sondern regelmäßig, beruflich; das ist seine Funktion — warum nicht: sein Auftrag? Und trotzdem stimmt die Sache nicht.
Es geht hier um Mk 2,17. Bis Mk 2,12 war (von 1,29 an) gehäuft von Krankenheilungen die Rede. Ein Erzähler vom Format des Markus hätte mehr als nur *eine* Gelegenheit gehabt, das Wort »Arzt« *hier* zu verwenden, *wenn* er denn wirklich Jesus als den von Gott beauftragten Krankenheiler verkündigen wollte. Davon macht er keinerlei Gebrauch, sondern bringt dieses Stichwort erst einige Verse später;

und auch anschließend ist erst *nach* einigen anderen Dingen wieder von einer Heilung die Rede. Das heißt: Markus nimmt das Wort »Arzt« deutlich aus dem Zusammenhang Krankheit/Heilung heraus. — Aber weiter: Markus erzählt nun, daß Jesus sich mit Sündern und Zöllnern trifft. Darüber mokieren sich die Frommen im Lande und sprechen ihre Empörung auch aus. Jesu Antwort: »Die Starken bedürfen keines *Arztes*, sondern die Kranken.« In diesem Satz blickt das Wort »Arzt« also nicht auf Gesunde und Kranke, sondern auf Leute, die sich selber für fromm und andere für gottlos halten. Demnach haben wir es hier ohne jeden Zweifel mit einem Bildwort zu tun; das Wort »Arzt« könnte man in Anführungsstriche setzen. Und für jeden, der vielleicht noch immer nicht begriffen hat, daß hier wirklich nicht von tatsächlicher Krankheit und deren Behebung die Rede ist, sondern davon, wie Jesus mit den Außenseitern umgeht, dürfte die Fortsetzung endgültige Klarheit bringen: Jesus sagt (unmittelbar nach dem zitierten Satz): »Ich bin gekommen, die Sünder zu rufen und nicht die Gerechten.« Kein Wort von Fieber, Lähmung oder Aussatz; davon war vorher die Rede, *ohne* daß das Wort »Arzt« benutzt wurde; *hier* aber *wird* es benutzt, und jetzt ist eindeutig nicht mehr von Kranken die Rede, sondern von Jesu Auftrag (»ich bin gekommen ...«!), sündige Menschen zu Gott einzuladen. So darf ohne Zögern gesagt werden: Wer aus Mk 2,17 herleitet, Jesus habe mit dem Wort »Arzt« bestätigt, daß es seine Aufgabe sei, kranke Menschen gesund zu machen, der hat entweder einen Halbvers wahllos aus dem Zusammenhang herausgepickt (und mit *der* Methode kann man bekanntlich so gut wie jeden Unsinn beweisen), oder er kann nicht lesen, oder er will nicht lesen, was wirklich im Text steht. Die These, mit Mk 2,17 sei zu belegen, daß Jesus zum Heilen gekommen sei, steht also nicht etwa auf tönernen Füßen, sondern auf gar keinen. Trotzdem aber ist sie sehr beliebt. Ich nehme noch einmal das erwähnte Taschenbuch mit den Kirchentags-Bibelarbeiten zur Hand; da gibt es eine Bearbeitung zu Mk 9, die beim »Forum Gesundheit« gehalten wurde. Hier heißt es zum Beispiel, daß »dem Jungen geholfen werden kann — vom göttlichen Arzt selber« (S. 94).
Wohlgemerkt: Das Wort »Arzt« taucht Mk 9 gar nicht auf; im Blick auf Jesus wird es wirklich nur Mk 2,17 (par; allenfalls noch Lk 4,23) benutzt. Aber der um-gelesene Arzt kommt uns offenkundig so sehr

zupaß, daß wir gern auch andernorts von ihm Gebrauch machen. — Es gehört nicht viel Phantasie dazu sich auszumalen, welche Hoffnungen und auch welche Verzweiflungen durch solche Formulierungen etwa in Eltern anfallskranker Kinder ausgelöst werden müssen (in Eltern, die zu der Veranstaltung kamen, weil sie hofften, in dem Rahmen Hilfe zu bekommen, der abgesteckt werden kann durch die Tatsachen, daß ihr Kind Anfälle bekommt, daß es jetzt ein »Forum Gesundheit« gibt und daß dort von Jesu Umgang mit einem Anfallkranken die Rede ist). Was richten wir bei solchen Eltern an, wenn ihr Kind lebenslang anfallskrank bleibt? Was sollen sie künftig von Jesus halten, wenn sie uns auf den Leim gingen, als wir ihnen Jesus als den »göttlichen Arzt« anpriesen? (Daß die Predigt des Markus in diesem Kapitel eine völlig andere Blickrichtung hat, versuchte ich zu zeigen: Degenhardt Markus, S. 141 ff.)

Wer (gegen den Bibeltext) behauptet, Jesus habe einen Heilungsauftrag gehabt, wird natürlich geneigt sein, von diesem Auftrag auch im Blick auf die Kirche zu reden. Nicht nur in den sogenannten charismatischen Kreisen, sondern weithin in Theologie und Kirche ist ständig davon die Rede, daß Heil und Heilung zusammengehören, daß Kirche nur Kirche ist, wenn sie heilende Kirche ist.

Es sind wohl vor allem zwei Bibelstellen, die eine solche These stützen sollen:

1. Mk 16,15-20. Da wird erzählt, Jesus habe seine Jünger mit einem Predigtauftrag in die Welt geschickt. Und dann werden »Zeichen« genannt, die denen »folgen« sollen, die an Christus glauben. Dabei wird auch gesagt, daß es Kranken »besser« gehen wird. Schließlich heißt es, daß Christus die Botschaft seiner Boten »durch mitfolgende Zeichen« bekräftigte. Das heißt: Der *Auftrag* bezieht sich auf's Predigen; dabei geschehen dann erstaunliche Dinge; aber eindeutig werden diese Dinge dem Auftrag *entnommen*: sie »folgen«. Und wer nach dem Verursacher fragt, der solche Wunder folgen *läßt*, wird nicht auf die Apostel verwiesen, sondern klar auf den Herrn: *er* läßt hier und da Wunderliches geschehen. Nur wer Mk 16 gründlich um-liest, kann aus diesem Text einen Heilungs*auftrag* an die Gemeinde ableiten.

2. Anders liest sich Mt 10,8. Da sagt Jesus zu seinen Jüngern: »Macht Kranke gesund«. Hier liegt ein klarer Heilungsauftrag vor. Nur: Wem gilt dieser Auftrag? Wenige Verse vorher wird gesagt, daß Jesus zwölf Jünger berief; deren Namen werden einzeln aufgeführt (bis Vers 4). Unmittelbar danach (Vers 5) heißt es dann: »Diese zwölf sandte Jesus, gebot ihnen und sprach ...«. Man kann den Zusammenhang kaum anders verstehen als so: Hier ist nicht von dem die Rede, was die Kirche nach Ostern tun soll (bis zum Jahre 1992 und noch darüber hinaus); vielmehr wird hier von einer zeitlich begrenzten Episode berichtet, die sich auf die Zeit vor Jesu Kreuzigung bezieht. In Jesus ist der Messias erschienen. Vom Messias aber sagten schon die Propheten: wenn er kommt, werden Gelähmte hüpfen und Blinde sehen. Das Bekenntnis zu Jesus als dem Messias ist überhaupt nur zu verantworten, wenn erzählt werden kann, daß Jesus geheilt hat. Heilungen sind nicht sein Auftrag, aber sein Ausweis, den er (damals!) vorweisen mußte. Und dieses wird in Mt 10 auf die zwölf Jünger ausgeweitet: auch sie sollen Belege dafür sein, daß die messianische Zeit in Jesus tatsächlich angebrochen ist. Daß diese Sätze sich nur auf eine Episode der *vorösterlichen Zeit* beziehen, wird durch Vers 5b geradezu bewiesen. In diesem ersten Satz der Jünger-Beauftragung sagt Jesus: »Gehet nicht auf der Heiden Straße ... gehet hin zu den verlorenen Schafen aus dem Hause Israel.« — Somit steht jeder gewissenhafte Interpret von Mt 10 vor folgender Alternative: *Entweder* versteht er dieses Kapitel so, daß es Wichtiges sagt über die vorösterlichen Jünger; das hieße: Die heutige Kirche ist weder daran gebunden, nur Juden zu missionieren, noch hat sie den Auftrag, Kranke zu heilen. *Oder* der Text wird verstanden als gültige Anweisung für die gesamte Zeit von Jesus bis zum Jüngsten Tag; *das* hieße: Die heutige Kirche hat tatsächlich einen Heilungsauftrag; *allerdings* wäre sie dann auch verpflichtet, die (paulinische) Heidenmission als Irrtum sofort aufzugeben und die Beschneidung zu praktizieren (was im Klartext bedeutet: wir europäischen Christen müssen das mosaische Gesetz übernehmen, obwohl Paulus denjenigen verflucht, vgl. Gal 1,6 ff., der so etwas fordert). — Ergo: Von Mt 10 her zwar die paulinische Heidenmission beizubehalten (gegen Mt 10), aber den Heilungsauftrag zu beteuern (mit Mt 10), kann nur Sache sein eines Theologen, der durchtrieben unredlich mit biblischen Texten

umgeht. Da ich keinen Theologen kenne, der heute sagt, die paulinische Heidenmission sei verkehrt (gewesen), und da ich keinem Theologen unterstellen möchte, durchtrieben unredlich zu sein, sollten wir also Mt 10 auf sich beruhen lassen.
Das Um-Lesen und Um-Hören biblischer Texte, durch das es unweigerlich zur »Apartheidstheologie« kommt, habe ich heute fast ausschließlich klargemacht an der Gruppe der Heilungsgeschichten des Neuen Testaments. Eine umfassende Darstellung dieser Thematik müßte zweifellos auch andere Texte und Sachverhalte mit einbeziehen. Die können jetzt nicht mehr ausführlich dargestellt werden, sollen aber, wenigstens teilweise, eben noch genannt sein.

Vier Punkte sind es insonderheit:
1. *Eine* Heilungsgeschichte hat es in besonderer Weise in sich: die Heilung des Blindgeborenen nach Joh 9. Denn dieser Text *scheint* deutlich zu sagen: Jesus ist »gekommen«, um Blinde sehend zu machen; sein Auftrag besteht darin, Behinderungen zu beheben. Noch deutlicher: In der Behebung der Behinderung wird nicht nur dem Behinderten geholfen, in ihr verherrlicht sich auch Gott selber: *er* gewinnt an Profil, wo die Behinderung niedergemacht wird. Damit hätten wir die wichtigsten Bestandteile einer »Apartheidstheologie« beieinander. – Auch hier kann Entwarnung geblasen werden: Joh 9 besagt etwas grundsätzlich anderes. Das zu erkennen, setzt allerdings eine ausführliche Beschäftigung mit diesem großartigen Text voraus. Im Augenblick kann ich nur auf eine andere Veröffentlichung verweisen: Bach, Traum, S.137-157.
2. Schöpfungstheologie: Hat Gott nach der Erschaffung der Welt nicht gesagt, es sei alles sehr gut? Ist aber eine schwere Behinderung nicht etwas, was aus dem Rahmen des »sehr gut« deutlich herausfällt? (Auch hierzu nur ein Hinweis: Bach, Getrenntes, S. 20-26.)
3. Eschatologie (der Jüngste Tag und das mit ihm zur Vollendung kommende Reich Gottes): Ist uns nicht verheißen, daß »dann« alle Tränen abgewischt werden, kein Leid mehr sein wird? Sind damit aber nicht Tränen und Leid die Ausnahme, das Gottwidrige? Und gibt es entsprechend nicht doch so etwas wie eine »Apartheidstheologie« (bereits *im* Neuen Testament), in der eben der Weinende

und der Leidende von Gottes Absichten weiter entfernt sind als diejenigen, die nicht durch Leid und Tränen geprägt sind? (Hierzu verweise ich auf: Bach, Kraft, S. 106-112; Bach, Getrenntes, S. 31-33.)

4. Mt 25: Der Text wird im allgemeinen so verstanden, daß wir (die Brüder Jesu) zu den Leidenden (Jesu »geringsten Brüdern«) gesandt sind. Auch damit wäre, wenigstens in Ansätzen, die »Apartheidstheologie« vorausgesetzt: die einen sind geringer als die anderen; normalerweise geraten die Brüder Jesu nicht in solche Not, daß man sie zu den geringsten Brüdern Jesu zählen müßte. Damit dürfte Mt 25 aber völlig mißverstanden sein. Denn mit den »geringsten Brüdern« sind gerade wir Christen gemeint. Wir haben uns auf der gleichen Stufe mit den anderen zu sehen (wenn nicht, dann höchstens auf einer *tieferen* Stufe!). Wir sind so armselig dran, daß Heiden uns gelegentlich unser Elend erträglich machen müssen. Zum Verzweifeln ist unsere Lage nur deshalb nicht, weil Jesus sich mit uns auch in solchem Elend identifiziert. Auch hier wieder: Die einzig wichtige Alternative ist die Frage, ob unsere Gottesbeziehung intakt ist oder nicht: Weil Gott der ist, der uns aus der Knechtschaft befreit hat und uns zusagt, *unser* Gott zu sein (2 Mose 20,2), können Fragen wie die nach Essen und Kleidung und Gesundheit in die zweite Reihe treten (vgl. dazu: Bach, Traum, S. 73-85).

Nun bringe ich gegen Ende meines Referats doch noch eine neue These. Ich behaupte, es sei nicht unbedingt ein Mangel, wenn wir nicht auch noch die vier genannten Fragen erörtern können. Wir müssen nämlich unterscheiden zwischen einer einzigen Grundsatz-Entscheidung und einer Fülle von Einzel-Entscheidungen: Einerseits also: Sagen wir grundsätzlich nein zu jeder Art von »Apartheidstheologie« oder nicht? Und als zweites, *wenn* wir »nein« gesagt haben: Aber wie ist *dann* diese oder jene Bibelstelle zu erklären? Ich sehe das in deutlicher Parallele zu dem, was nach 1945 Aufgabe der Theologie war. Der Antisemitismus wurde damals auch nicht erst verworfen, *nachdem* man sämtliche die Juden betreffenden Bibelsprüche exakt interpretiert hatte; sondern: Antisemitismus ist schlimm; aber wie der Satz: »Sein Blut komme über uns und unsere Kinder« (Mt 27,25) zu interpretieren ist, lassen wir zunächst auf sich beruhen; gesetzt, wir würden diesen Mt-Vers niemals entschärfen können, wir erlauben ihm auf keinen Fall, unser Nein zum Antisemitismus hinfällig werden zu lassen. Parallel nun also: Wir müssen uns heute entscheiden, ob wir über Kranke und Gesunde theologisch grundsätzlich nur die gleichen Sätze sagen, oder ob wir beide Gruppen theologisch unterschiedlich sehen (das wäre Apartheidstheologie). Und wie wir die genannten Texte im einzelnen interpretieren (und bei genauem Hinsehen wären gewiß auch noch andere zu nennen als die von mir genannten vier Punkte), das lassen wir getrost (zunächst!) auf sich beruhen; auf keinen Fall erlauben wir solchen Sätzen, uns einzuhusten, der Geheilte sei nun dem Reich Gottes (seiner Gnade ...) näher als vorher (näher als heute der Nichtgeheilte).

Damit habe ich eine Menge Informationen vorgelegt, und es mag sein, daß einige Bäume, sogar einzelne Blätter in den Blick kamen. Aber geriet darüber der Wald nicht aus dem Blick? Darum versuche ich zum Schluß, noch einmal auf den Wald hinzuweisen. Ohne Bild: Ich füge einfach die einzelnen theologischen Bestandteile, die ich eben Punkt für Punkt zu widerlegen versuchte, zu einem Ganzen zusammen. Und wer dann den Eindruck gewinnt, das sei aber eine schreckliche Theologie, die ich da zeichne, der möge weiterfragen, woran das denn liegt: daran, daß *ich* heute ständig um-gehört und um-gelesen habe, oder daran, daß die von mir referierten theologischen Thesen, wenn man sie einmal nüchtern zusammenstellt, tatsächlich ein fürchterliches Kitsch-Bild ergeben:
Krankheiten also gehen auf widergöttliche Mächte zurück. Zu Gottes »sehr guter« Schöpfung gehören sie mitnichten. Als die Zahl der Kranken groß wurde, ließ das den Schöpfer der Welt so sehr um sein Werk bangen, daß er seinen eingeborenen Sohn dahingab. Ihm gab er den Auftrag, unermüdlich Sünde und Krankheit auszumerzen, mutig den Kampf gegen diese schlimmen Werke des Teufels auszufechten. »Der Sohn dem Vater gehorsam ward, er kam zu mir auf Erden« (so darf mit dem bekannten Lutherlied gesagt werden), und Jesus führte seinen Auftrag tatsächlich aus: Er heilte nicht nur, sondern begründete das auch: er »müsse« heilen, er sei zum Heilen »gekommen«. *Einen* Sieg nach dem anderen erstritt der Messias über die teuflischen Krankheiten und die satanischen Gebrechen. Leibliches und Geistliches gehörten paradiesisch zusammen: indem

Jesus heilte, eignete er dem Menschen das göttliche Heil zu; und auch andersherum: wo jemandem das Heil Gottes geschenkt wurde, da wichen bei dem Beschenkten alle Schmerzen und sonstigen Krankheitssymptome. Die Jünger erlebten: Bei jeder Heilung fiel mindestens *ein* Satan vom Himmel. Über ganz Palästina lag ein Hauch von Ostern. In Städten und Dörfern sprach es sich herum: Christ, der Retter ist da, der göttliche Arzt ist in der Nähe! Daher brachte man alle Kranken zu ihm, der ihnen schon von ferne zurief: Kommet her zu mir alle, die ihr blind und gelähmt seid; ich will euch gesund machen. Und er entriß sie, soweit sie kamen, den Klauen des Teufels, indem er an ihnen die Auferstehung vollzog. — Freilich: Als Jesus sich vor seiner Himmelfahrt von den Jüngern verabschiedete, mußte er sich klarmachen, daß Teile seines Auftrags noch nicht erledigt waren. Darum sprach er zu seinen Aposteln: Ihr müßt mein herrlich' Werk vollenden: Gehet hin, meine Brüder, in alle Welt; gehet hin besonders zu meinen geringsten Brüdern, macht alle Kranken gesund, indem ihr sie dem Teufel entreißt und die Weltenwende an ihnen bewirkt. Und lehret sie halten vor allem das erste Gebot, das da besagt, sie sollten Gott und die Gesundheit über alle Dinge lieben; Krankheiten jedoch sollten sie über alle Dinge fürchten. Um die Jünger bei kritischen Situationen nicht in Verzweiflung zu stürzen, fügte er hinzu: Wie ich nicht fertig wurde hienieden, so gewiß auch ihr nicht. Aber seid getrost, der Jüngste Tag ist kein altes Gerücht; er kommt, und dann sollen die Krankheits-Dämonen, sofern es sie noch gibt, was erleben!

Zugegeben, das ist eine üble Karikatur. Ich habe eine solche kindische Zusammenstellung noch bei keinem Theologen gefunden. Aber mich selbst regt auf, daß dieses primitive Konglomerat zustande kommt, wenn man die einzelnen Teile, die ich zur Sprache brachte, nur fleißig zusammensetzt; und die *Einzel*teile lassen sich belegen, ich kann nichts dafür.

Das also ist der Wald, oder richtiger: das ist das Gestrüpp, in dem man nur vor die Hunde gehen kann. »Man«, wir alle. Daß diesen Wald kein Behinderter ohne Schaden überstehen kann, ist klar: Wenn weder Jesus noch seine Jünger an ihm das Werk tun, zu dem Gott seinen Sohn bestellte, dann gilt ihm also Gottes Gnade nicht wirklich; oder gilt sie doch, und die Sache liegt daran, daß er eben ein besonders hartgesottener Sünder ist? Jedenfalls ist er vor Gott anders dran (und zwar schlechter) als ein Nichtbehinderter. Das ist so schaurig, daß der Ausdruck »Apartheidstheologie« fast noch zu harmlos klingt; und mir fällt noch einmal Hölderlin ein: Wir Deutschen, sagt er, seien »selbst (!) durch Religion barbarischer geworden« (a. a. O., S. 463). – Aber auch der Nichtbehinderte muß in diesem Wald Schaden nehmen. Denn wie soll er jemals die Angst verlieren, bei Gott in Vergessenheit zu geraten, wenn Heil und Gesundheit quasi identisch sind; er weiß ja: ich werde älter, ich werde schwächer, ich könnte morgen verunfallen. Vor all diesen Dingen muß er Angst haben, wie der Schlauchboot-Fahrer auf dem Ozean Angst haben muß vor jedem spitzen Gegenstand: Panik droht. Jedenfalls ist die Freiheit der Kinder Gottes auch für ihn gründlich passé.

Erinnern möchte ich an meine »zweite Katze«, von der eingangs die Rede war: Unsere Bibel predigt -Gott sei Dank!- etwas total anderes: Behinderte und nichtbehinderte Menschen – beide so von Gott geschaffen, beide unterschiedslos seine geliebten Kinder, beide auf seine Gnade in gleicher Weise angewiesen, beide mit Aufträgen an andere betraut, beide wartend auf die Vollendung des Gottesreiches am Ende der Zeiten, beide aufgefordert, als Jesu großer Geschwisterkreis in unserer garstigen Welt einander und anderen Menschen das Überleben zu erleichtern.

Ein letztes: Theologie geschieht nicht im luftleeren Raum; sie ist vernetzt mit anderem Geschehen; da richtet sie etwas aus, oder sie richtet etwas an. Im Jahre 1988 (ich erwähnte es bereits) gab es im Europa-Parlament ein Papier, in dem das »Europa der Gesundheit« propagiert wurde. Fördert Theologie solche menschenverachtenden Utopien, oder gibt sie ihnen ein klares Kontra? Kurzum: Es brennt. Und Teile der Theologie sind damit beschäftigt, Benzin in die Flammen zu gießen.

Schließen möchte ich mit einem Satz, den ein Anstaltsleiter aus der ehemaligen DDR, Wolfgang Matzke, 1984 (mit Bezug auf Röm 10,4) gesagt hat: »Christus ist also das Ende des Gesetzes, das Ende der Werte, das Ende der Behinderung als Unwert.« Christus – das Ende der Behinderung als Unwert. Von diesem Zitat her lassen sich die beiden Arten von Theologie, die ich heute einander gegenüberstellte (die biblisch orientierte und die zurechtgewünschte) auf einen kurzen Nenner bringen:

Christus ist das Ende der *Behinderung* (schließlich ist er der Arzt), so sagen die einen und landen in der Apartheidstheologie.

Christus ist das Ende der Behinderung *als Unwert*, sagen die anderen und haben damit die Möglichkeit, biblische Theologie für uns alle als Befreiungs-Theologie zu entfalten.

Christus ist das Ende der Behinderung als Unwert – eine Kirche, die das be-herzigt, könnte Heimat sein für behinderte und nichtbehinderte Menschen, sie könnte in unserer kälter und ratloser gewordenen Welt ein Gegenmodell probieren: die Solidarität im Geschwisterkreis Jesu.

Literatur

Anstötz Anmerkungen
Christoph Anstötz, Kritische Anmerkungen zu Johannes Stolks Artikel »Euthanasie und die Frage nach der Lebensqualität geistig behinderter Kinder« in VHN 1988, Heft 2, in: VHN 58. Jg., Juni 1989, Heft 2, S. 123-128.

Anstötz EB
ders., Ethik und Behinderung. Ein Beitrag zur Ethik der Sonderpädagogik aus empirisch-rationaler Perspektive, Berlin 1990.

Anstötz HEB
ders., Heilpädagogische Ethik auf der Basis des Präferenz-Utilitarismus, Rationale Grundlegung einer Pädagogik für Schwerstbehinderte im Rahmen einer Mensch-Tier-Ethik, in: Behindertenpädagogik, 27. Jg., Heft 4/1988, S. 368-382.

Anstötz RuP
ders., Rezeption der utilitaristischen Position Peter Singers in der aktuellen Literatur der (deutschsprachigen) Sonderpädagogik und ihrer Grenzgebiete *oder*: Wie eine humane, lebensbejahende Ethik in eine »Tötungsethik« verwandelt wurde, in: R. Hegselmann, R. Merkel (Hg.), Zur Debatte über Euthanasie. Beiträge und Stellungnahmen. Frankfurt/M. 1991 (stw 943), S. 276-311.

Bach Gemeinde
Ulrich Bach, »Heilende Gemeinde«? Versuch, einen Trend zu korrigieren, Neukirchen 1988.

Bach Getrenntes
ders., Getrenntes wird versöhnt. Wider den Sozialrassismus in Theologie und Kirche, Neukirchen 1991.

Bach Kraft
ders., Kraft in leeren Händen. Die Bibel als Kurs-Buch, Freiburg 1983.

Bach RT
ders., Volmarsteiner Rasiertexte. Notizen eines Rollstuhlfahrers, Gladbeck o. J. (1979), 2. Aufl. 1981.

Bach Traum
ders., Dem Traum entsagen, mehr als ein Mensch zu sein. Auf dem Wege zu einer diakonischen Kirche, Neukirchen 1986.

Barmen Dokumentation
Alfred Burgsmüller (Hg.), Die Barmer Theologische Erklärung. Einführung und

Dokumentation. Mit einem Geleitwort von Eduard Lohse, Neukirchen-Vluyn 1983.

Barth Götze
Karl Barth, »Der Götze wackelt«, Zeitkritische Aufsätze, Reden und Briefe von 1930-1960, hg. von Karl Kupisch, Berlin 1961.

Bethel-B
Bethel-Beiträge, Bethel-Verlag (Bielefeld) (mit Nr).

Bethel Gedenken
Gedenken zum 1. September, Weil sie anders waren: erniedrigt, ermordet, verscharrt, in: Bethel-B 42, 1989.

Bethel Lese-Texte
Lese-Texte zum Problemkreis »Eugenik, Sterilisation, Euthanasie«, zusammengestellt vom Arbeitskreis »Geschichte Bethels«, mit einem Vorwort von Pastor Johannes Busch (Redaktion: Hauptarchiv der von-Bodelschwingh'schen-Anstalten), Bielefeld-Bethel 1983.

Bethel Mensch
Hauke Christiansen (hg. in Verbindung mit K.D. Pfisterer), »Was ist der Mensch ...?«, Dokumentation des theologisch-diakonischen Symposions in Bethel vom 15. bis 19. März 1992, Stuttgart o. J. (1992).

Bittner HZ
Wolfgang J. Bittner, Heilung — Zeichen der Herrschaft Gottes, Neukirchen 1984.

Bleidick BMM
Ulrich Bleidick, Die Behinderung im Menschenbild und hinderliche Menschenbilder in der Erziehung von Behinderten, in: Zeitschrift für Heilpädagogik, 41. Jg., 1990 (Heft 8), S. 514-534.

Brakelmann KK
Günter Brakelmann, Kirche in Konflikten ihrer Zeit, Sechs Einblicke, (Kaiser) München, 1981.

Brecht Gedichte
Die Gedichte von Bertolt Brecht in einem Band, (Suhrkamp) Frankfurt/M, 1981.

Degenhardt Markus
Reiner Degenhardt (Hg.; im Auftrag des Deutschen Evangelischen Kirchentages), Geheilt durch Vertrauen, Bibelarbeiten zu Markus 9,14-29, München 1992 (Kaiser-Taschenbücher 110).

Der Ring
Der Ring, Informationsblatt der v.Bodelschwinghschen Anstalten Bethel (Hg.: Pastor Johannes Busch).

Deutsche Diakonenschaft Wb
Vorstand der Deutschen Diakonenschaft (Hg), Was uns bewegt — was wir bewegen, 75 Jahre Deutsche Diakonenschaft 1913-1988, Bielefeld und (Wichern-Verlag) Berlin 1988.

Dörner Mitleid
Klaus Dörner, Tödliches Mitleid. Zur Frage der Unerträglichkeit des Lebens, oder: die Soziale Frage: Entstehung — Medizinisierung — NS-Endlösung — heute — morgen. Mit einem Beitrag von Fredi Saal, (Verlag Jakob van Hoddis) Gütersloh, 2. Aufl. 1989.

Dörner Unterschied
ders., Was unterscheidet die heutigen Überlegungen zur Sterilisierung von Menschen mit geistiger Behinderung von den Zwangssterilisationen der NS-Zeit?, in: Veröffentl DWI III, S.323-337.

EKiR-Erklärung
Erklärung der Landessynode der Evangelischen Kirche im Rheinland zu Zwangssterilisierung, Vernichtung sogenannten lebensunwerten Lebens und medizinischen Versuchen an Menschen unter dem Nationalsozialismus (datiert: 12. Januar 1985), mehrfach gedruckt — z. B. in: Seim Euth-Beitr, S. 17-21; in: Westfalen Lesebuch, 232-234.

Ev Komm
Evangelische Kommentare, Monatsschrift zum Zeitgeschehen in Kirche und Gesellschaft (Stuttgart).

Fischer Vernichtung
Jochen Fischer, Von der Utopie bis zur Vernichtung »lebensunwerten« Lebens, in: Hase Dokumente, S. 35 — 65.

Fröhlich helfen
Fröhlich helfen. Handreichung des Diakonischen Werkes — Innere Mission und Hilfswerk — der Evangelischen Kirchen in der DDR, (Evangelische Verlagsanstalt) Berlin.

Gesundheitsfürsorge
Gesundheitsfürsorge, Zeitschrift der Evangelischen Kranken- und Pflegeanstalten, Berlin (seit 1927?).

Giordano Schuld
Ralph Giordano, Die zweite Schuld oder Von der Last Deutscher zu sein, (Rasch und Röhring Verlag) Hamburg 1987.

Goldstein Kindeswohl
Joseph Goldstein, Anna Freud, Albert J. Solnit, Jenseits des Kindeswohls, Mit einem Beitrag von Spiros Simitis, (Suhrkamp) Frankfurt/M 1974 (suhrkamp taschenbuch 212).

Grewel Kommentar
Hans Grewel, Sterbehilfe zwischen Mitleid, Mord und Menschlichkeit − Kommentar −, in: Arbeitskreis »Arzt und Seelsorger«, Sterbehilfe zwischen Mitleid, Mord und Menschlichkeit, Versuch einer Standortbestimmung, in: Evangelische Akademie Iserlohn (Hg.), Studienhefte (Febr. 1989), S. 11-25.

Hase Dokumente
Evangelische Dokumente zur Ermordung der »unheilbar Kranken« unter der nationalsozialistischen Herrschaft in den Jahren 1939 − 1945, hg. im Auftrag von »Innere Mission und Hilfswerk der Evangelischen Kirche in Deutschland« von Hans Christoph von Hase, Stuttgart o. J. (1964).

Hitler MK
Adolf Hitler, Mein Kampf (1925/26), 5. Aufl. der einbändigen Ausgabe, München 1940.

Hölderlin GW
Friedrich Hölderlin, Gesammelte Werke, Eingeleitet von Bernt von Heiseler, Bertelsmann Verlag, 44.-48. Tsd. 1957.

Josuttis SKE
Manfred Josuttis, Praxis des Evangeliums zwischen Politik und Religion, (Kaiser) München 1974 (darin Kap. 5: »Der Sinn der Krankheit, Ergebung oder Protest?«, S. 117-141).

Jüngel SE
Eberhard Jüngel, Das Opfer Jesu Christi als Sacramentum et Exemplum. Was bedeutet das Opfer Christi für den Beitrag der Kirchen zur Lebensbewältigung und Lebensgestaltung?, in: Jahrbuch des Diakonischen Werkes der EKD, Stuttgart 1986/87, S. 6 ff.

Kiefner Bedrohung
Johannes Kiefner, Bedrohung des Lebensrechts behinderter Menschen − damals und heute, in: K. R. Eder, Mariaberger Heime e.V. (Hg.), Berichte aus unserer Arbeit 1990 (= 143. Jahresbericht, November 1990), S. 16 − 24.

Kiefner Ulbrich
Johannes Kiefner, Theologie und Werk Martin Ulbrichs, Ein Beitrag zu Theorie und Praxis diakonischer Behindertenhilfe, Dissertation, Tübingen 1983 (Manuskript).

Klee Euthanasie
Ernst Klee, »Euthanasie« im NS-Staat. Die »Vernichtung lebensunwerten Lebens«, Frankfurt 1983.

Klee Kirche
ders., »Die SA Jesu Christi«, Die Kirchen im Banne Hitlers, (Fischer Taschenbuch) Frankfurt 1989.

Klevinghaus Geschichte
Johannes Klevinghaus, Hilfen zum Leben, Zur Geschichte der Sorge für Behinderte (Beiträge zur Diakonie und Sozialhilfe, Bd. 1) Bielefeld 1972.

Klieme Diakonie
ders., Diakonie im »Dritten Reich«, Auseinandersetzung mit einer unabgeschlossenen Vergangenheit, in: Schibilsky Kursbuch, S. 64-78.

Klieme Rückblick
Joachim Klieme, Woher wir kommen, Rückblick auf die Behindertenarbeit von 1935 bis 1985, in: Zur Orientierung, 9. Jg. 1985 (Heft 3+4), S. 233-240.

Kraus Psalmen Bd. 1
Hans-Joachim Kraus, Psalmen, 1. Teilband, in: M.Noth (Hg.), Biblischer Kommentar, Altes Testament, Band XV/1, Neukirchen 1960.

Kulenkampff Vernichtung
Caspar Kulenkampff, Zwangssterilisierung, Vernichtung sogenannten lebensunwerten Lebens und Menschenversuche im Dritten Reich, in: Seim Euth-Beitr, S. 166 – 173.

Lebenshilfe Grundaussagen
Bundesvereinigung Lebenshilfe für geistig Behinderte e.V., Ethische Grundaussagen, Marburg 1990 (abgedruckt in Westfalen Lesebuch, S. 238-240).

Müller Verlegung
Christine-Ruth Müller, Warum sie sterben mußten, Die Neuendettelsauer Anstalten und die Verlegung der Pfleglinge in staatliche Heil- und Pflegeanstalten während der nationalsozialistischen Euthanasiemaßnahmen in den Jahren 1940/41, in: ThP, 28. Jg. 1993 (1), S. 41–49.

Nowak Kirchen
Die Kirchen und das »Gesetz zur Verhütung erbkranken Nachwuchses vom 14. Juli 1933«, in: Fröhlich helfen 1986, Teil I, S. 21–32.

Nowak Stimmen
Kurt Nowak, Stimmen aus evangelischer Theologie und Kirche zur Vernichtung »lebensunwerten Lebens«, in: Fröhlich helfen 1986, Teil I, S. 32-38.

Schibilsky Ethik
Michael Schibilsky, Wächteramt Ethik. Hintergründe der Debatte um Peter Singer, in: EvKomm 1989, Heft 11, S. 32 − 34.

Schibilsky Kursbuch
ders. (Hg.), Kursbuch Diakonie (Ulrich Bach zum 60. Geburtstag), Neukirchen 1991.

Schleiermacher S Vorabend
Sabine Schleiermacher, Der Centralausschuß für die Innere Mission und die Eugenik am Vorabend des »Dritten Reiches«, in: Veröffentl DWI III, S. 60-77.

Seim Euth-Beitr
Jürgen Seim (Hg.), Mehr ist eben nicht. Kranksein Behindertsein Menschsein, Beiträge des Arbeitskreises Kirche und »Euthanasie« der Evangelischen Kirche im Rheinland, (Verlag Jakob van Hoddis) Gütersloh 1988.

Sierck Risiko
Udo Sierck, Das Risiko nichtbehinderte Eltern zu bekommen. Kritik aus der Sicht eines Behinderten, in: Arne Heise (Hg.), Materialien der Arbeitsgemeinschaft Sozialpolitischer Arbeitskreise: Materialien der AG SPAK; M 97, München 1989.

Singer PE
Peter Singer, Praktische Ethik (aus dem Englischen übersetzt von J.-C. Wolf) (engl. 1979), Stuttgart 1984.

Stolk Frage
Johannes Stolk, Eine einfache Frage zu den kritischen Anmerkungen von Christoph Anstötz zu meinem Artikel in VHN 1988, Heft 2: Darf man Kinder töten, weil sie geistig behindert sind?, in: VHN, 58. Jg., Juni 1989, Heft 2, S. 128-131.

Theißen Wunder
Gerd Theißen, Urchristliche Wundergeschichten, Ein Beitrag zur formgeschichtlichen Erforschung der synoptischen Evangelien, Gütersloh (1974), 5. Aufl. 1987.

Thimm Aspekte
Walter Thimm (Hg.), Ethische Aspekte der Hilfen für Behinderte. Unter besonderer Berücksichtigung von Menschen mit geistiger Behinderung (Große Schriftenreihe, hg.: Bundesvereinigung Lebenshilfe für Geistig Behinderte; Bd. 19), Marburg 1989.

Th P
Theologia Practica, Zeitschrift für Praktische Theologie und Religionspädagogik, (Kohlhammer, Stuttgart; dann:) (Kaiser) München.

Treysaer Erklärung
Die Treysaer Erklärung, Erklärung der »Arbeitsgemeinschaft der Männlichen Diakonie« (Sept. 1946), in: Deutsche Diakonenschaft Wb, S. 66-71.

Veröffentl DWI III
Veröffentlichungen des Diakoniewissenschaftlichen Instituts an der Universität Heidelberg, Hg.: Theodor Strohm, Heidelberg, Band 3: Th.Strohm, J.Thierfelder, Diakonie im »Dritten Reich«, Neuere Ergebnisse zeitgeschichtlicher Forschung, 1990.

VHN
Vierteljahresschrift für Heilpädagogik und ihre Nachbargebiete VHN, Hg.: Urs Haeberlin (Freiburg/Schweiz).

Westfalen Leben
Diakonisches Werk der Evangelischen Kirche von Westfalen (Hg.), Geschenktes Leben, Ein Brief zum Weihnachtsfest 1989, Münster (abgedruckt in Westfalen-Lesebuch, S. 214-219).

Westfalen Lesebuch
Diakonisches Werk der Evangelischen Kirche von Westfalen (Hg.), Wir wurden nicht gefragt, Ein Lesebuch zu »Euthanasie« und Menschenwürde, bearbeitet von Ulrich Bach und Michael Schibilsky, mit einem Vorwort von Präses D. Hans-Martin Linnemann, (Luther-Verlag) Bielefeld, 1992.

Wolf Gutachten
Ernst Wolf, Das Problem der »Euthanasie« im Spiegel evangelischer Ethik, Ein Gutachten, in: Zeitschrift für evangelische Ethik, 1966, S. 345-361.

Zuidema Isaak
Willem Zuidema (Hg.), Isaak wird wieder geopfert. Die »Bindung Isaaks« als Symbol des Leidens Israels, Versuche einer Deutung; Aus dem Niederländischen übersetzt von W. Bunte, Neukirchen 1987 (Original: 1980 und 1982).

Zur Orientierung
Zur Orientierung, Zeitschrift für Mitarbeiter in der Behindertenhilfe (Hg.: Verband Evangelischer Einrichtungen für geistig und seelisch Behinderte, Stuttgart, DW der EKD).